JN099084

まくらなきゃもったいない！

世界一というものは、いうまでもなくスゴいことだ。たとえば世界一足が速い男といえばご存知、ウサイン・ボルト。トップスピードは時速44・6キロ。この男をして、ついに人類は本気で走るイノシシの領域に食い込んでしまった。

あるいは世界一犯罪が多い都市*は中米のホンジュラスのサン・ペドロ・スーラだ。夜ともなればフツーにどこかで銃声が鳴り響く。夜の一人歩きは自殺行為で、殺人件数は日本の約３００倍。で、その殺人事件の97%が未解決というデンジャラスシティ。

もしくは、世界一寒い村といえばロシアのオイミャコンだ。冬はマイナス50℃が当たり前。寒いというよりはめっちゃ痛い。ウイルスも生きていけない極寒ゆえにこの村の人は風邪をひかないという。

逆に世界一暑い国はアフリカのジブチ。夏は50℃超えが普通。最高気温71・5℃という記録を叩き出して世界を震撼させたこともある。あまりの暑さにプールも熱湯となり、鳥も気を失って落ちてくるのだという。

そう、そんなふうに世界一っていうのは、なんであっても人々のジョーシキをはるかに超えた、ドえらいものなのである。あ、なんでいきなり、こんなふうに世界一の話なんかしているのかっていうと、日本にだってそんな世界一がある。それもかなりナイスな世界一が。そう、温泉だ。日本は温泉数世界一を誇る温泉大国なのである。そういう日本で暮らしている我々にはわかりづらいだろうけれども、温泉がほとんどない国とかから見たならば、ニッポン、温泉、アリ過ギジャネ？　意味ワカリマシェ〜ン！　って感じなのかもしれない。そんなふうに日本は温泉においてジョーシキをはるかに超えた、ドえらいものなのかもしれないのだ。そしてまた、海外では温泉はどちらかというと水着を着てプールのように楽しむものだったりするところが少なくはない。我々日本人のように裸で温泉に浸かって思わず「あ〜（あ、この場合、もちろん「あ」に濁点ね）、いい湯だなぁ〜」って感じに、ひとり静かに湯を楽しむほうがマイノリティだっていうのだから、世界の温泉ジョーシキからしてみると、我々

*2011 〜 2016 年ごろ。近年は改善されてきている。

世界一なんだから、楽しみ

日本人は相当に変わった温泉マイノリティなのかもしれない。アイツラサ、チョットオカシクナイカイ？　みたいな。

ま、でも、そんなのどーでもええじゃないですか。だってねぇ、我々は知っているのだから。素っ裸になって、ひとり静かに味わう、あの濁点付きの「あ〜」の快感を。え？　水着着てみんなでワイワイ楽しむだって？　はぁ？　キミたち、あの快感を知らないのかい？　と。

え〜、本書は、せっかくそんなドえらいほどの世界一の温泉大国に暮らしているんだから、温泉をもっと楽しみまくろーよ。と、そんなスタンスの温泉入門本だったりします。じゃあ、もっと温泉を楽しみまくる秘訣はというと、それは、もっと温泉のことを知ることだったりする。知ればもっと温泉が愛おしくなって、楽しみも深くなってくることうけあいなのですから。なんていうか「楽しい」が、知っている人だけが知っているというニュアンスの「愉しい」に変わっていく感じっていうか。ああ、日本人に生まれてよかったなぁと心の底から思えてくるっていうか。こんな閉塞感に包まれた昨今の日本では、これ、貴重なことですよ。いや、ホントに。だって、日本に生まれていなかったら、ボクもあなたも、ヘタすると水着着て温泉入って、みんなでワイワイだったのかもしれなかったのですからね。

さて、ただ、ひとつ重要なことをいっておくならば、タイトルからお祭しの通り、この本を書いたボクの温泉の好みが、かなり偏っているということ。そこんとところはアタマに入れておいてほしいというわけ。そして、願わくば、本書を読んで、あなたもそっちのほうへとハマっていただけたら、著者としてこんなにうれしいことはないのです。

ひなびた温泉研究所ショチョー　岩本薫

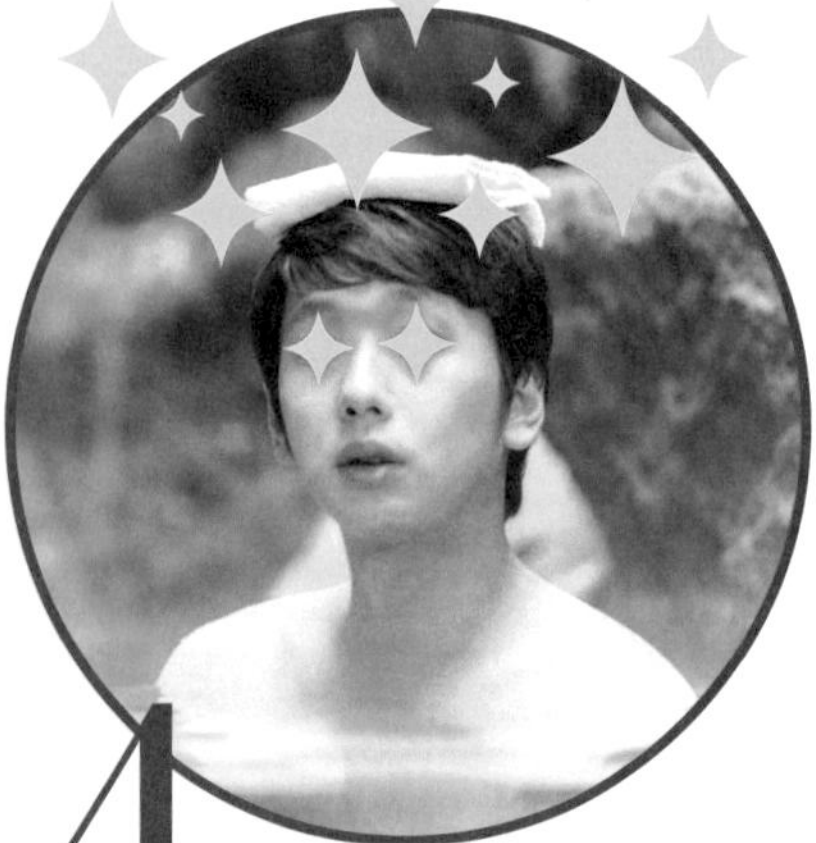

4

もっとディープを！もっとひなびを！

昔ながらの温泉は源泉掛け流しが当たり前！ しかも湯量も豊富で鮮度も抜群！

それに、ひなびた温泉のシブい佇まいもたまらんのよね〜。ハマっていくわぁ〜。もう、普通の温泉は物足りないなぁ。これからはひなびた温泉だなぁ。よ〜し、待ってろよ！　全国のひなびた温泉よ！

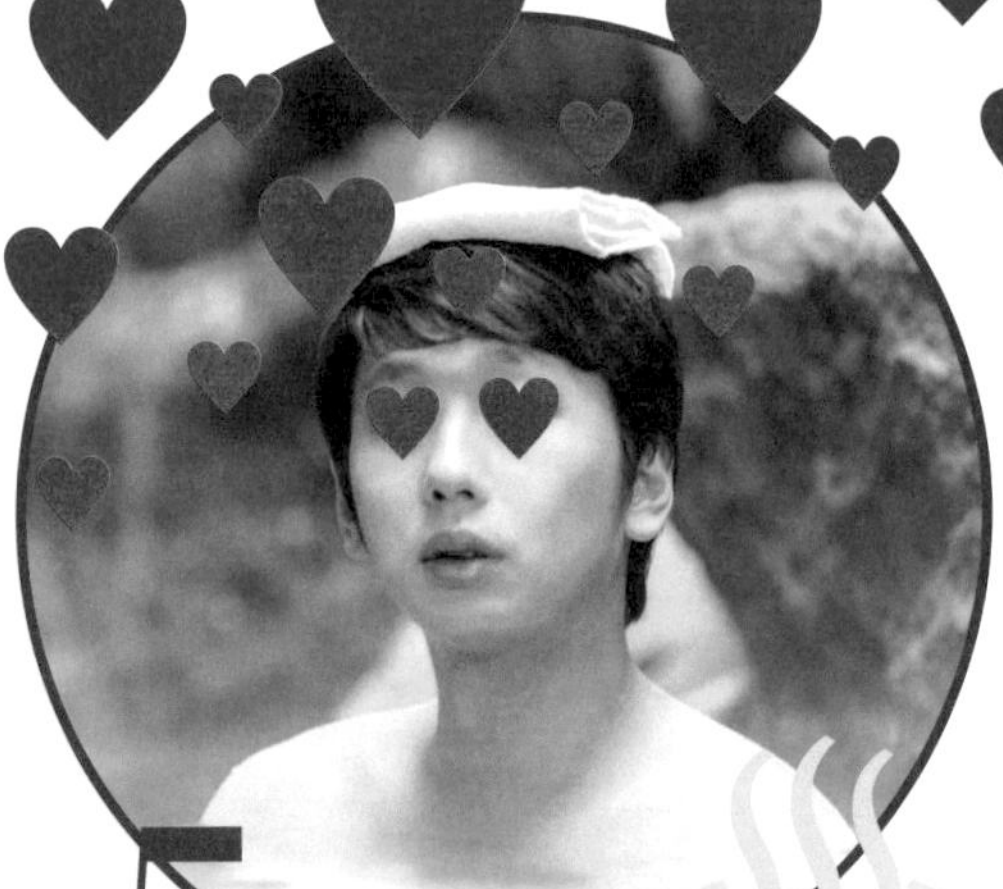

5

もう、ひなびた温泉しか愛せない！

は〜い！ ボクちゃん、もぉ〜ひなびた温泉しか愛せなくなっちゃいました〜！ 理由なんて聞かないで。だってだって、だってだってなんだも〜ん♡

あなたったら、今頃気がついたのね……

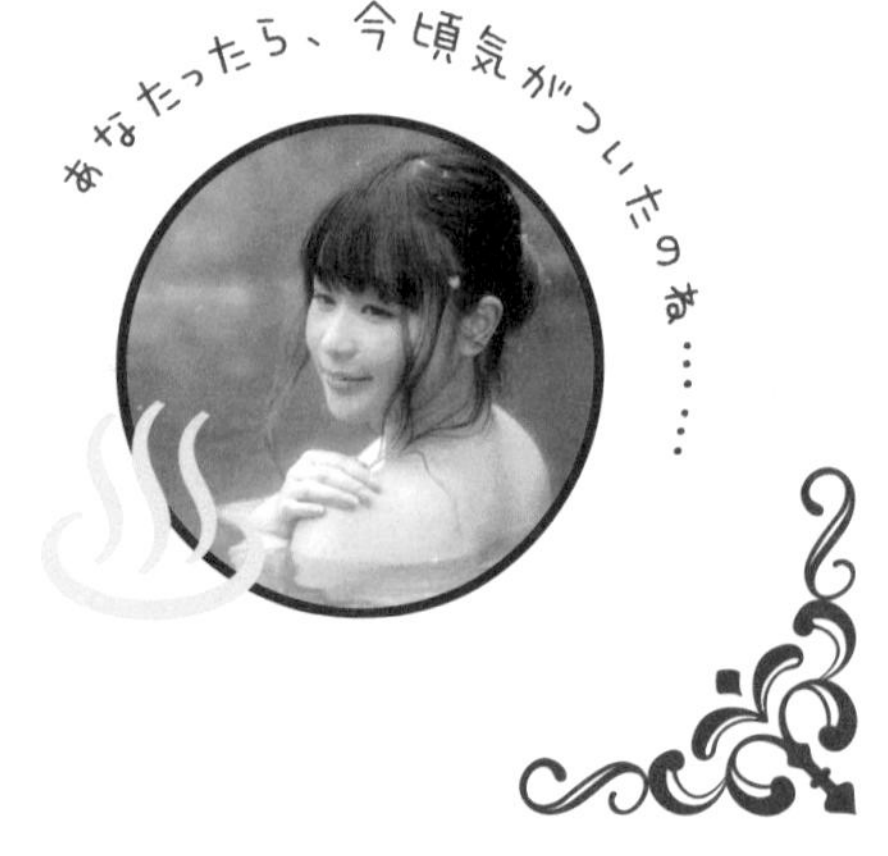

これが、ひなびた温泉にハマっていく５段階理論だ！

人はいかにしてひなびた温泉の沼へとハマっていくのか。そこには普遍的なパターンがあった！?

その５段階の変化をついに解明したとかしないとか。

ここに一挙公開！！！

1

フツーの温泉好き

温泉ですか？　ハイ、好きっすねぇ。スキーの帰りとかは必ず行きますよ！

2

ん？ と気がつきはじめる

なんか思うんだけど、ひなびた古い温泉の方が、お湯がよくない？　気のせい？ どーなのよ？

3

そうだったのか！と、目覚めはじめる

いいや、気のせいなんかじゃない！ ひなびた温泉は湯がスゴくいい！ ていうか、今までの温泉なんだったのよ！

1章　温泉、アナザーワールドからやってくるもの

2章　湯・イズ・エヴリシング！

3章　もう、ひなびた温泉しか愛せない

1章

温泉、アナザーワールドから
やってくるもの

ええ？ オレって今、そんな**スゲーもの**に浸かっているわけ？

温泉は知れば知るほどに愛おしくなってくる。そんな話をまずひとつ。

たとえば紀伊半島の温泉っていえば、湯の峰温泉や南紀勝浦温泉、南紀白浜温泉、湯川温泉、十津川温泉などをはじめに、めっちゃいい温泉地がいっぱいある。実にうらやましいエリアだ。さて、そんな素晴らしい温泉たちはいったいなにに温められて温泉として湧き出ているのか？ ちなみに紀伊半島の温泉はおうおうにして熱めの湯だったりする。80度超えの源泉だってあるのだ。え？ だってそれ、火山とかのアレでしょ？ って思ったあなた、残念、紀伊半島には活火山がないのですよ。

じゃあ、火山の熱じゃなければなんなのよ？ と。そう、紀伊半島の温泉がいったいなにに温められているのか。それは長らく温泉地質学関係者の間でミステリーとされてきた。

湯の峰温泉（和歌山県）の「つぼ湯」は、ナント世界遺産に登録されている！

いろいろと仮説が立てられた中でもっとも有力だったのが「紀伊半島の地下に埋まっている巨大な熱い岩が温泉を温めている」という説だった。その熱い巨大な岩がどれだけ巨大なのかというと、なんと神奈川県ぐらいの大きさの岩なのだという。スゴくないっすか? ていうか、想像が追いつかない大きさっていうか。ともあれ、紀伊半島の下には神奈川県大の熱い岩が埋まっていてそれが温泉を温めている。紀伊半島の下には熱い神奈川県! ヤバいでしょ。

なんだか、ほとんどトンデモ説って感じだけど、いえいえ、もちろん大マジメな説なのである。そもそもその神奈川県ぐらいの巨大な岩とはなんなのか。なんでそんなドえらいもんが埋まっているのか?

時をさかのぼること、今から約1400万年前のこと。人類なんかまだいない太古の昔。そのころの日本列島には山がなく、どこまでも続く広大な湿地帯を象の祖先なんかがノシノシと歩いていた、そんな時代だ。いきなり現在の紀伊半島全域をカバーするような、とんでもない規模のカルデラ噴火が起きた。カルデラ噴火というのは破局噴火(見るからにスゴそうな字ヅラでしょ?)ともいって、通常の噴火のようにひとつの火山が噴火するのではなくて、地下の大量のマグマが一気に噴出して、地上であっちもこっちもそっちもと、いくつもの噴火が同時に起こるカタストロフィックな巨大噴火のことなんですね。ちなみにそのときは南北40キロ、東西23キロにもわたる広大なエリアが噴火したそうです。こういう壊滅的なカルデラ噴火が起きると、そのエリア全体が超高温のマグマとなって、やがて冷え固まって地表となる。ちなみに紀伊半島では謎の巨石が神として崇(あが)められていたりするけれど、あれらの巨石はこのとき地底から噴き上げられた巨大な火砕岩だったりするんですね。

で、話を戻すと、巨大なカルデラ噴火を起こした紀伊半島にはまだ地下に大量の熱いマグマを残していて、それがやがて固まり超巨大な花こう岩となった。そう、これが神奈川県大の熱い岩の正体というわけ。で、なんせ深くなるほど地熱で熱い地底でのことですから、その岩はまだ冷め切らず熱いまんまなのだという。

ところが、この説にはふたつほどツッコミどころがあった。ひとつは紀伊半島の温泉は塩分をたくさん含んでいる。多くの温泉のように雨水

紀伊半島の成り立ち

ドえらい大噴火起こる！
地下の大量のマグマが一気に噴出！
地上であっちでもこっちでも
いくつもの火山が同時に噴火！
これがカルデラ噴火だ！

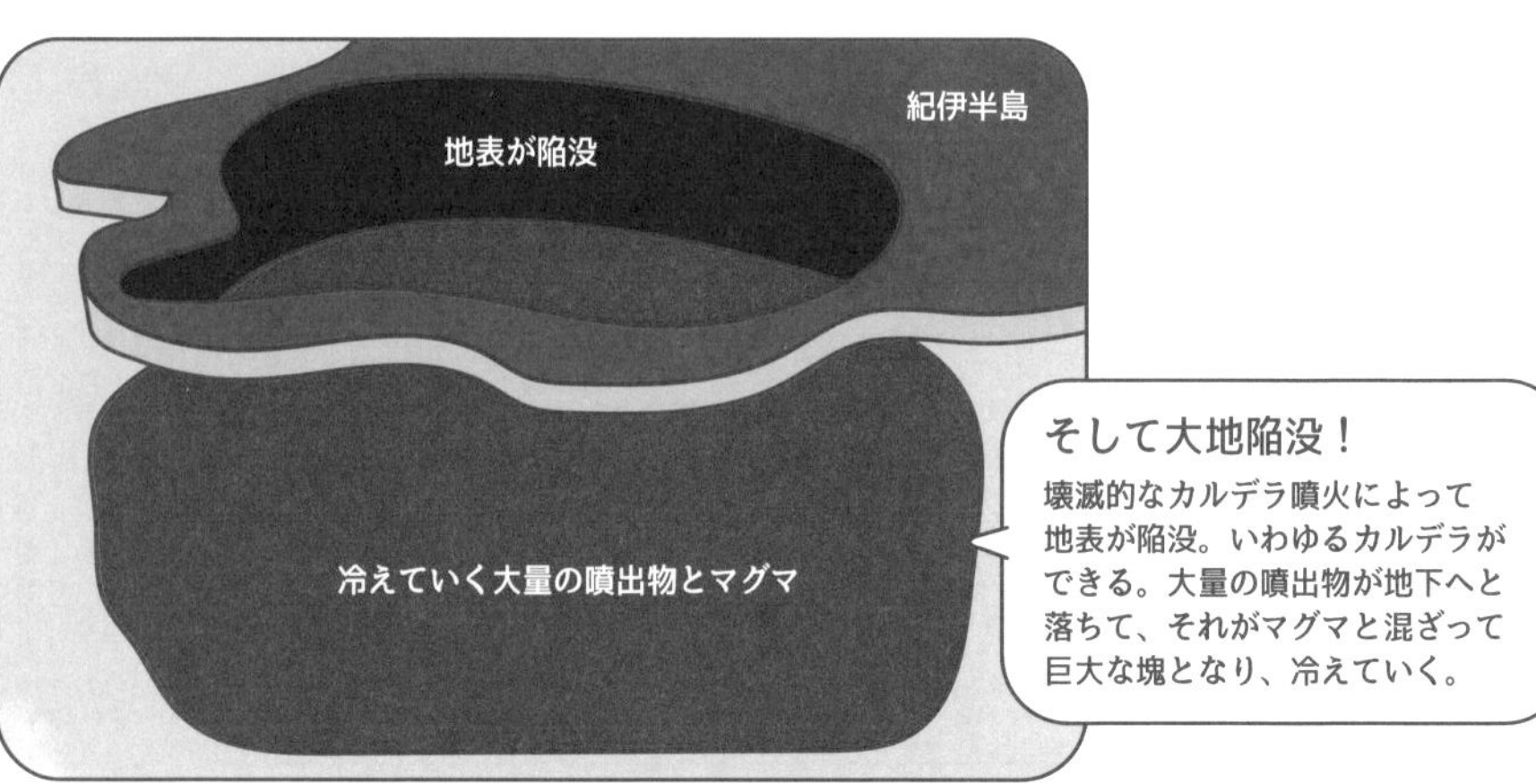

そして大地陥没！
壊滅的なカルデラ噴火によって
地表が陥没。いわゆるカルデラが
できる。大量の噴出物が地下へと
落ちて、それがマグマと混ざって
巨大な塊となり、冷えていく。

超巨大な熱い岩誕生！
やがて冷え固まり巨大な花こう岩に
なる。これが神奈川県大の巨岩だ。
しかし冷えたといっても
それはまだ、じゅうぶん熱い！？

などが地下に染み込んだ地下水を水源にしているのであればこのたくさんの塩分はどこからきているのか？　そして、もうひとつ。いくら地底だからといって、いくら巨大な岩だからといって、１４００万年もの間、ずぅ〜っと熱いなんて、やっぱり、ちょっと考えにくいんじゃないの？　と。

そして最近になって、熱い巨大岩熱源説を上回る説が最有力説として躍り出た。そう、話はもっとドでかくなるのだ。どんな説なのかというと、フィリピン海プレートの沈み込みと、たまたまその上に、くだんの神奈川県大の巨大岩があったことが、紀伊半島の名湯たちを生み出したという説である。

日本列島は４つのプレートの上に乗っかっている世界でも珍しい列島だったりする。いや、「珍しく、とんでもなく過酷な列島」といったほうがより正確だろう。そもそも日本列島が乗っかっている地球は、まるでゆで卵のような構造をしていて、その中心にはゆで卵の黄身みたいな感じに「核」があって、そのまわりにゆで卵の白身のような「マントル」があって、いちばん外側は卵の殻のごとく薄くて硬い「プレート」が覆っている。ただ、地球がゆで卵と大きく違うのは、プレートは10数枚あって、そのプレートが常に動いているということ。なぜ動いているのかというと、地球の中心は３６４万気圧・５５００℃という超高圧&超高温なんですね。で、その熱でマントルが、あたかもヤカンの中の湯のごとく対流していて、その動きに引っ張られてプレートも移動しているというわけ。まぁ、殻が10数枚にひび割れているゆで卵があって、その殻が動いているとイメージしてもらえれば近いかもしれない（え？　イメージしづらいって？　ま、そうですよねぇ、殻が動いているゆで卵なんていわれてもねぇ、そんなの頭に浮かびませんよねぇ……）。

で、話を日本列島に戻すと、日本列島はその10数枚のプレートのうち、北米プレート、ユーラシアプレート、太平洋プレート、フィリピン海プレートという４枚のプレートにまたがって乗っかっている。これ、フツーじゃありません。フツーはプレートまたいでいる島なんかないし、しかも日本列島は４枚のプレートに乗っかっているわけですから。で、動いているものをまたいでいるわけですから、日本列島はものスゴいことになっている。東日本の太平洋側には世界一巨大でパワフルな太平洋プレートが常にジワジワと日本列島の下に沈み込んでいる。西日本の太平洋側にはフィ

リピン海プレートという太平洋プレートの子分みたいなプレートが、また太平洋プレートとは違った方向から常にジワジワと日本列島の下に沈み込んでいる。そして、そのふたつの巨大な力に屈しまいと、北米プレート、ユーラシアプレートが踏ん張り、その踏ん張りがまた日本列島に巨大な圧力をかけているというわけだ。こりゃ、たまったもんじゃありませんよ。実際、日本列島はこのプレートたちの巨大な力のためにドえらい目にあって、ドえらい〝変形〟をしてしまったわけで、それがまた温泉とも関係があるっていうか、いや、ありすぎるほどあるんだけれども、それはまた後ほどに（ドえらい話ですよ、マジで）。

　さて、我らが日本列島はそんなふうにふたつのプレートの沈み込み攻撃を常に受けているのだけれども、そのひとつのフィリピン海プレートの沈み込みが紀伊半島の名湯たちを生み出しているのではないかという説が浮上してきた。残念ながら、くだんの神奈川県大の熱い巨大岩が温泉たちを温めているというダイナミックな説は弱くなってしまったが（好きだったんだけどなぁ、この説）、ただ、新説においても巨大岩は大切な役割を担っている。巨大岩が地下に埋まっていたからこそ紀伊半島の名湯たちが今ここにあるというのだ。それはどんな説なのか。

プレートを大別すると大陸プレートと海洋プレートのふたつに分けられる。陸地の下へと沈み込んでいくのは海洋プレートで、その名からもわかるようにフィリピン海プレートは海洋プレートである。じゃあ、海洋プレートが沈み込むとはどういうことなのか。それはつまり海底が沈み込んでいくことである。海底が沈み込むということはつまり海底に堆積した有機物や多くの海水もろとも地底へ運び込まれていくことである。じゃあ、その海水はどうなってしまうのか。

地下では100メートル深くなると温度が約3℃上昇する。つまり深くなればなるほど地下は熱くなっていくわけで、フィリピン海プレートが沈み込んでいく場所は100メートルとかっていうような、そんなレベルではない。その7000倍の700キロメートルぐらいまで沈み込んでいく。と、まぁ、プレートはそんな深くにまで沈み込んでいくわけだけど、紀伊半島の下あたりだ

と、沈み込みはじめてちょっとの深さなので、だいたい30キロメートルぐらいとされている。さて、地下は深いほどに熱くなるわけだから、ここで単純計算してみると、100メートル深くなると温度が約3℃上昇するということならば、30キロメートルだとその300倍というわけなので900℃ということになる。めちゃくちゃ熱い。じゃあ、いったい海水はどうなる？　実はここまで深く熱いと水は単純に水としては存在できず、結晶水だとか含水鉱物だとか専門的でムズカシイ話になっちゃうので、あえてわかりやすくす単純化していうと、海水はスポンジに含まれた水のようにプレートの中に含まれて運び込まれてくる。で、900℃の超高温ともなると、たまらずプレートから脱水して地上へと上がってこようとする。でも、たいていは地上に湧き出すまでに吸収されちゃったりするんだけど、紀伊半島の地下ではそうならなかった。なぜか？

ここであの、くだんの巨大岩が大活躍するんですねぇ。あの巨大岩は前述したようにもともとは巨大なカルデラ噴火を起こしたマグマだった。それが冷えて固まって巨大な花こう岩になったわけだけど、実はマグマって、冷えて岩石化するときに縮む性質があるんです。その縮みが規則正しい柱状の割れ目を生じさせる。まぁ、つまり隙間ができるということ。これ、専門的には柱状節理というんだけど、時間をかけて冷えるほどにできるものだったりする。そりゃ

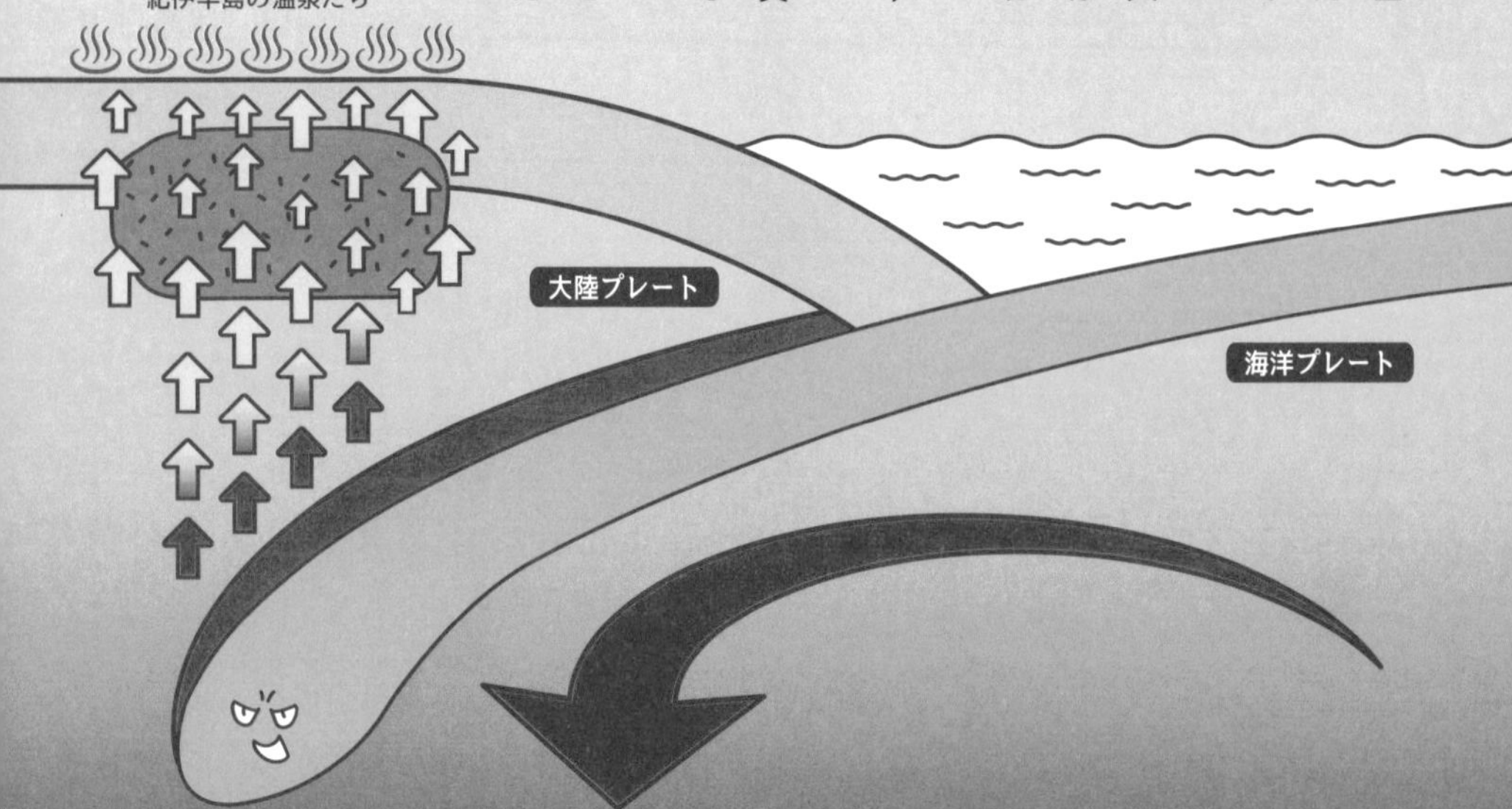

あ、そうですよね、なんせ神奈川県大のドでかい岩だったから、スゴく長い時間をかけて冷えていったわけで、隙間がいっぱいできた。で、これがまさに温泉の通り道としてうってつけだった。もう、「温泉さん、ここから地上へ上がってくださいな」って感じだったのですよ。ハイ、ここまでいえば、もうおわかりだと思うけれど、そう、そのいっぱいの隙間を通って地上に湧き出たのが紀伊半島の名湯たちだった。

話を整理すると、紀伊半島の名湯たちはフィリピン海プレートの沈み込みによって地下へと運ばれた海水が地上に湧き出たものだった。30キロメートルもの深さから上がってきたわけだから、地層から溶け出したいろんな成分を取り込みながら、また、ミネラルいっぱいの地下水と混ざりながら温泉となって地上に現れた。そして、ここ、大きなポイントなんだけど、プレートの沈み込むスピードって実は1年に数センチだったりするわけで、30キロメートルもの深さともなると100万年以上かかる！　というわけで、紀伊半島の名湯たちの源泉は120万年前ぐらいの古代海水だと推測されているんですね。海底の有機物をたっぷり含んだ海水が120万年もの時間をかけて地上に上がってくる。そりゃあ、いい湯になりますわ。そして、もしもあの巨大岩がなければ、地上まで上がってこれなかったかもしれないし、あるいは冷めてしまって湯温がもっと低かったかもしれない。巨大岩の隙間がうってつけの通り道になったから、地底からビューッと上がってきて、あのビシッと熱くて素晴らしい名湯となったというわけだ。

どうです？　そんなことを知るだけで、その温泉に対する思い入れが違ってくるわけですよ。約1400万年前の壊滅的ともいえる巨大なカルデラ噴火でできたドでかい規格外の花こう岩。それがあったおかげで、紀伊半島では120万年前の海水が極上の源泉となって我々が暮らす地上にビューッと湧き出してくるわけだから、ええ？　オレって今、そんなスゲーものに浸かっているわけ？　と思わずにはいられない。スゴイなぁ。プレミアムだなぁ。愛すべき湯だなぁ。と。温泉は知れば知るほどに愛おしくなってくる。つまりそういうことなんだなぁ。

その温泉。
それって、どこから、
どんなふうにしてやってきた？

そもそも温泉とはなにか。シンプルにいえば「水源」「熱源」「成分」の３つから成るものだ。温泉とはその無限の掛け合わせにほかならないわけで、ひとつとして同じものはない。

水源
雨水や雪、古代に地下に閉じ込められた化石海水などの水源。これがなければはじまらないのだ。

あ〜

熱源
火山のマグマだまりや超高温なマントルの熱、それによって熱くなったプレートなど。考えてみれば適温で湧き出ている温泉は奇跡だ。

成分
その源泉が通ってきた地層の成分や、太古の海底の有機物や、さまざまなものが恵みとなって源泉に溶け込んでいる。

あの〜、その温泉、何年前の水源ですか？

箱根温泉

約**10**年前の雨水

草津温泉

約**25**年前の雨水

蔵王温泉

約**40**年前の雨水

別府温泉

約**50**年前の雨水

古代海水系の温泉になるとケタが違う！

有馬温泉

なんと！
約**600**万年前
の海水！！！！！！

松之山温泉

なんと！なんと！
約**1200**万年前
の海水！！！！！！！

温泉の水源は雨水や雪、そして海水。日本の温泉でいちばん多いのが雨水や雪が地下へと浸透して火山のマグマだまりの熱で温められて、再び地上に湧き出すタイプ。これはわかりやすいタイプですよね。天水起源系とか循環水系の温泉と呼ばれています。で、地上の雨や雪が地下に浸透して温泉になるまでの循環過程で、どんな地質を通ってきたのかや、どのくらいの時間をかけて通ってきたのかで源泉の個性が違ってくる。ちなみに箱根の温泉だとだいたい10年ぐらいかけて地上に湧いてくる。別府の温泉だったら約50年、草津温泉は約25年、蔵王温泉は約40年といった感じだ。たとえばあなた、草津の湯に浸かりながら、自分の歳から25年引いてみて、そのころの歳の自分を思い浮かべてみてください。25年前程度なら、けっこう記憶も鮮明に甦ってくるのでは？　ああ、あのころのオレはまだケツが青かったなぁ、なんて感じに。つまり、そのころの雨が今こうして温泉に生まれ変わって、それにあなたは浸かっているわけですよ。この温泉は何年前の雨水？　なんてことは普通あんまり気にしないだろうけれど、知れば知ったで、温泉がより感慨深く愛おしいものになってくるんですねえ。なるほど。オレがまだケツが青かったころの雨水に、ケツの青さが消えた今のオレが浸かっているんだ、と。これ、なんだかよくわからないけれど、スゲーことじゃん、と。

年前って、いつなのよ！

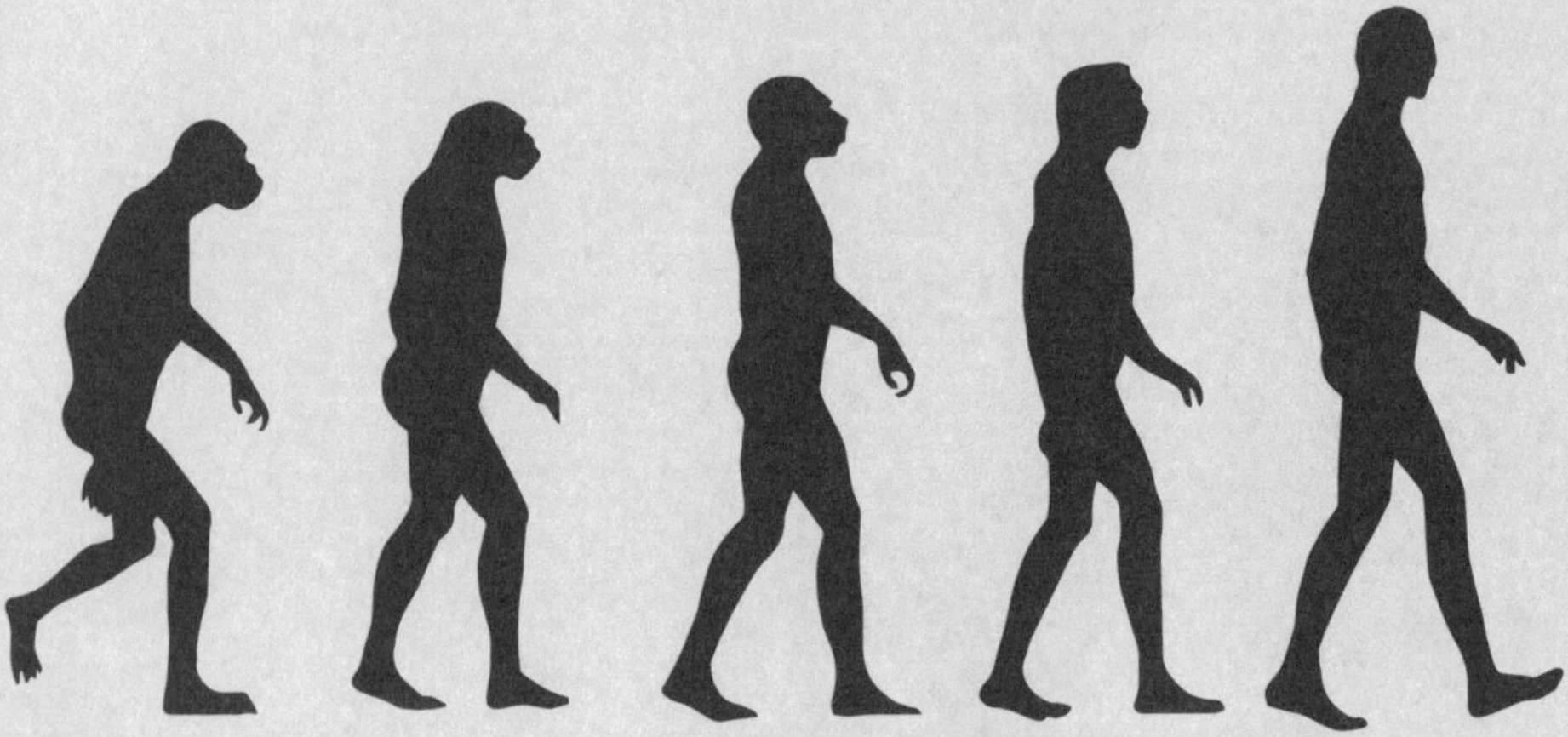

次に化石海水を水源にした温泉。化石海水っていうのは地殻変動とか火山の大噴火とか、なにかの拍子に海水が地中に閉じ込められてしまったもの。温泉の掘削技術がなかったころは温泉といえば温泉が自力で地上に湧き出してくる自噴泉だったけれども、掘削技術が発達した今は穴を掘って、そうした地下に眠っている化石海水由来の温泉を掘り当てるパターンが少なくない。まぁ、なんせ「化石」っていうぐらいなんだから、天水起源系の温泉とは違って温泉となるまでの時間が気が遠くなるほど……、いやいや、そんなもんじゃない。とんでもなく、もう、意味わからないほど長かったりする。500万年前とか800万年前とか、中には1200万年前とかもある。1200万年前っていえば我々人類がまだ猿だったころですからね。ほら、たぶん誰もが教科書で見たことがある人間の進化のイラストの、いちばん左端の猿。あの一人だけひょうきんなポーズをしたあの猿だったころの海水がやっと今、温泉となって我々を癒やしてくれているのだから。なんじゃらほい。もはやオレのケツの青さがどーしたこーしたっていうレベルじゃない。ケタ違いすぎてイメージが追いつかない。

えええ？？？　1200万

コイツの時代。
人間も類人猿さえも
いないサルの時代。

有馬温泉は
この時代。

そのほか、前述した紀伊半島の温泉のように海洋プレートの沈み込みで地底に運ばれる海水がなにかの拍子で（たとえば断層とかにできた隙間を通り道にして）地上に湧き上がってくるタイプ。あるいはマグマの中に溶け込んでいた成分が地上に上がってくる過程で温度が下がり水に還元されたマグマ水なんかも源泉の水源になっていることもある。

これらの水源が火山のマグマの熱や地熱といったものを熱源として、あるいは人工的に加温されて温泉になるわけだけど、同じ水源や熱源だからといって同じ温泉になるとはかぎらない。たとえば、それを説明できる、うってつけの有名な温泉があったりするんだなぁ。それは草津温泉と万座温泉。どっちも文句なしの名湯ですね。このふたつの温泉はどちらも活火山である草津白根山のマグマを熱源としていて、周辺の雨水を水源とした天水起源系の温泉だったりするけれども、そんなふうに熱源も水源も同じでありながら、かたや草津温泉は浴感がピリッとした強酸性の湯。かたや万座温泉はマイルドな肌触りの硫黄の含有量日本一の湯。あきらかに浴感が違う。なぜなのよ？

草津白根山は数年ごとに噴火する現役バリバリの活発な火山だ。でも噴火といってもマグマを噴火させたのははるか昔の太古のことで、ここ3000年ぐらいは水蒸気爆発にとどまっている。草津白根山がそんなふうに水蒸気爆発を活発に繰り返すのは、地下に大量の水を蓄えているからだろうとされている。で、この大量の水には、さらに地下にある草津白根山のマグマだまりから放出された火山ガス

草津白根山さん！
名湯をふたつもありがとう！
草津温泉も万座温泉も、
生みの親は草津白根山だ。
でも、その湯の個性は違う。
なぜなのかなぁ？

フツー、山っていえばこんなカタチ。

左右対称（シンメトリー）！

不格好にはそれなりの理由があるのさ！

万座温泉

草津温泉

草津白根山は非対称（アシンメトリー）で不格好？
なんでかな？

草津白根山

が溶け込んでいて、大量の強酸性熱水の熱水だまりとなっている。これがやがて草津温泉、万座温泉と、それぞれの湯となるわけで、いわば、この熱水だまりから同じ強酸性熱水がそれぞれの温泉になるまでの違う旅路がはじまるのである。かつては草津白根山も、水蒸気爆発ではなく大量のマグマを噴き出すダイナミックな噴火を繰り返していて、だいたい34万年前ごろに現在の形になったとされている。

この草津白根山の特徴はその形にあるといっていいだろう。富士山のような美しいシンメトリー（対称的）ではなく、とってもアシンメトリー（非対称的）な形をしているんですね。それもそのはずで、草津白根山はかつて繰り返された大規模な噴火によって莫大な量の火山の噴出物を地上に噴き上げた。それが地形的に低い東側へとダダダーッと流れていった。東側といえば、そう、草津温泉方面。ちょうど現在の草津温泉があるあたりまで、ものすごい量の噴出物が流れていって、やがてそれが固まって長くなだらかな斜面になった。つまり、かくして草津白根山は特徴的なアシンメトリーな形になったのだ。

かつて繰り返された大規模噴火で
大量の噴出物が地形的に低い東側へと
流れていった。

ダダダダダーッ！

と噴出物が流れていって
それが冷え固まって非対称的（アシンメトリー）な山になったというわけ。

草津白根山

で、ここからがおもしろいのだけれども、実はそのおかげで草津温泉は誕生したのである。ものすごい量の噴出物は固まって凝灰角礫岩（ぎょうかいかくれきがん）という岩になったのだけれども、もともとは強酸性の火山ガスなんかを含んだ溶岩や火山灰だったから、そこが酸性度の高い地質になったことは想像に難くないだろう。そしてこの凝灰角礫岩はとっても水を通しやすいんですね。で、さらにいえば、その下の古層は水が浸透しにくい粘土層だったりする。つまり水を通しにくい粘土層の上に水を通しやすい凝灰角礫岩の層が、現在の草津温泉にまでなだらかに延びているというわけ……。ハイ、ここでピンときたあなたは鋭い。そう、つまり、その水を通しやすい凝灰角礫岩が熱水の格好の通り道となった。繰り返された大規模噴火のおかげで草津白根山の東側から現在の草津温泉一帯に至る水の通り道ができてしまったのだ。そうなると、もう、草津白根山の下の強酸性の熱水がここを通ってくる。水を通しやすい地質だから当然、地下水の浸透も大量にあると思われる。なので強酸性の熱水は地下水に希釈されながら、また、酸性度の高い地質の成分をいただきながらジワジワと草津温泉の源泉となって、凝

山のカタチが
変わっちゃって、そして
偶然そこに粘土層があって……
さて、どうなったの？

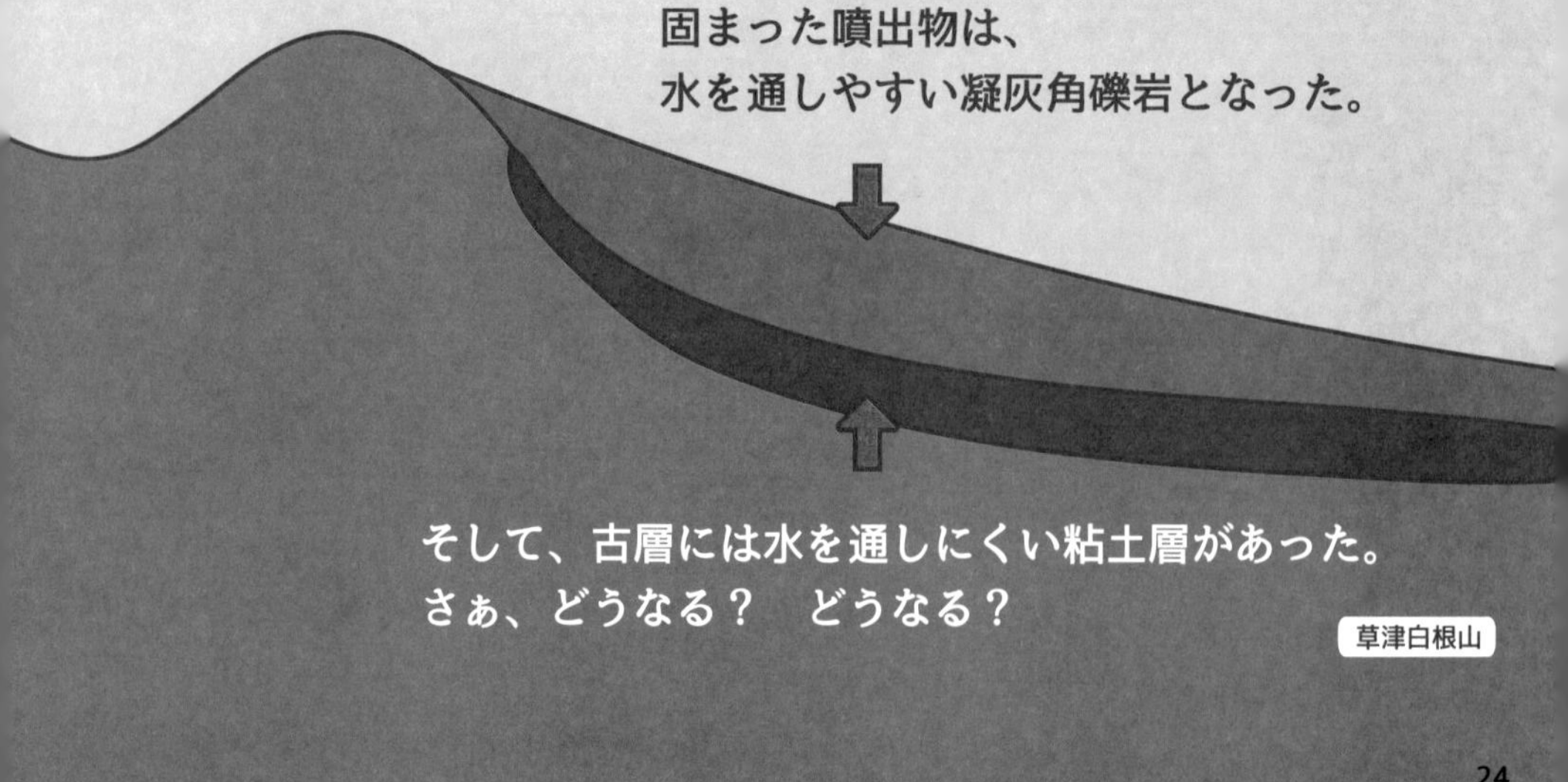

固まった噴出物は、
水を通しやすい凝灰角礫岩となった。

そして、古層には水を通しにくい粘土層があった。
さぁ、どうなる？　どうなる？

草津白根山

灰角礫岩が露出した草津温泉で自噴するというわけである。
こうして熱くて、あのピリッとパワフルな強酸性の草津の湯が誕生したというわけ。先に触れたように草津白根山は何度も水蒸気爆発を起こしていることから、地下の熱水だまりの熱水は相当な量であることが推測される。すなわち大量の熱水とおあつらえ向きの水の通路。草津温泉が毎分3万2000リットル（1分間でなんとドラム缶約160本ぐらい！）という、日本一の湧出量を誇ることも大いにうなずけるのではないだろうか。

さて、じゃあ、かたや万座温泉はというと、このあたりの地質は草津温泉よりも古く、そもそもの草津白根山を形成している基盤岩でできている。そしてその基盤岩には断層が複雑に入り組んでいて、そこを熱水が通って万座温泉の源泉になっていると考えられている。じゃあ、万座温泉が草津温泉と同じ熱水を水源としているのに、なんで万座温泉は草津温泉とは違ったマイルドな肌触りの硫黄の含有量日本一の湯になったのかというと、複雑に入り組んだ断層とはいえ、熱水だまりから地表に噴出するまで、ほぼ基盤岩を通ってくる万座温泉の源泉は、地下水と混じりあうことが少ない。つまり、あまり薄まらないわけで、もとも

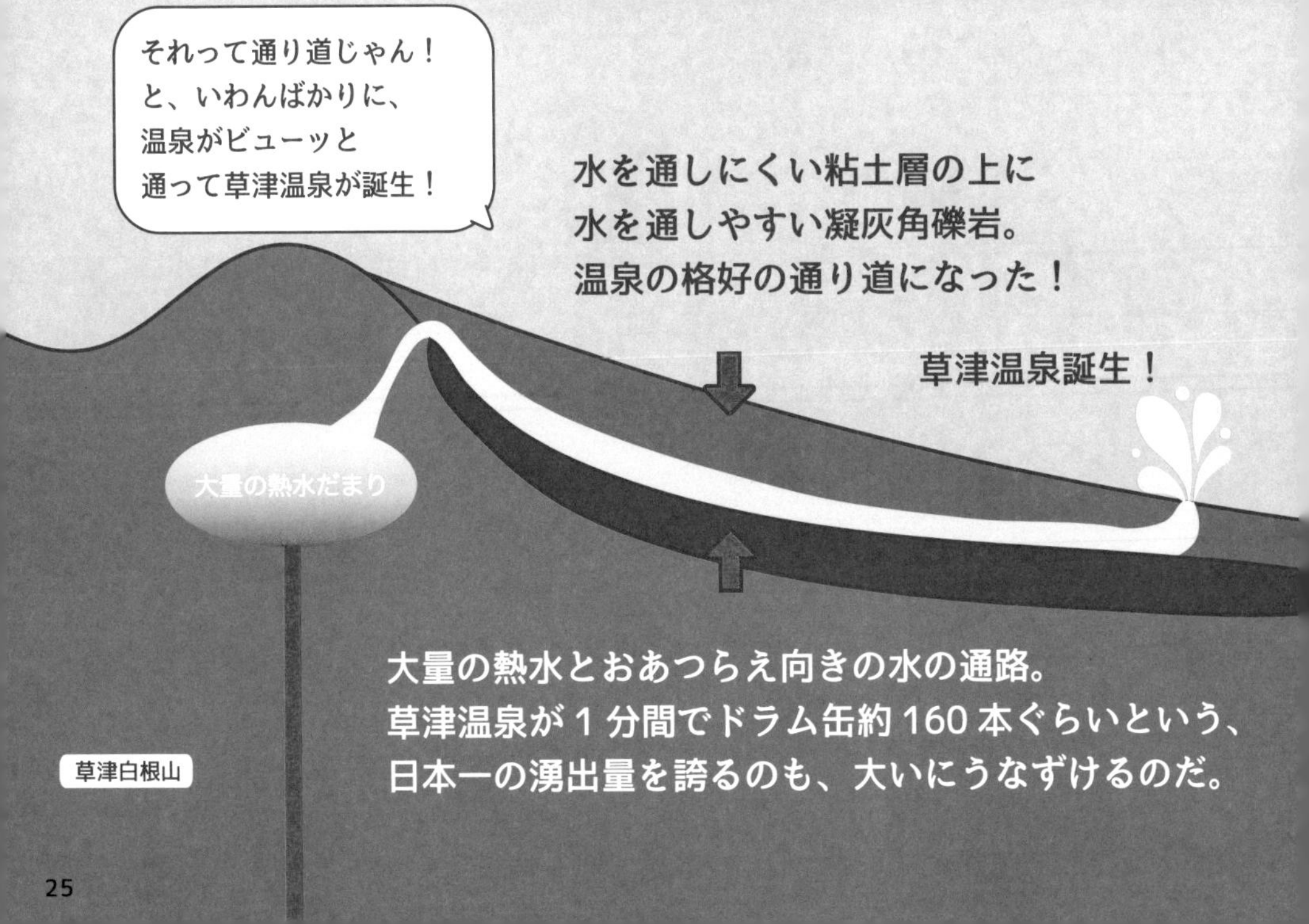

と草津白根山の地下の熱水は硫黄成分を含んだ火山ガスがたっぷり溶け込んだ熱水である。万座温泉の源泉が硫黄の含有量日本一の湯というのも実にうなずけるのだ。また、万座温泉の源泉のもうひとつの特徴が平均的な酸性泉に比べて3倍以上もマグネシウムを含んでいることである。これは草津白根山の西南麓の地質がマグネシウム緑泥石を多く含んでいるからだろうとされている。万座の湯に浸かると、うぉ〜！　やっぱここの湯は格別だなぁと、毎回思わずにはいられないけれども、日本一の硫黄の湯であり、通常の酸性泉の3倍以上もマグネシウムを含んでいるという、ここにしかない特別な湯だったというわけである。うぉ〜！と思って当然なのだ。

草津白根山という同じ熱源、同じ水源でありながら、草津と万座の湯はあれだけ違う。それは異なる〝旅路〟によるものだった。いやぁ、ホントに奥深いですね、温泉って。

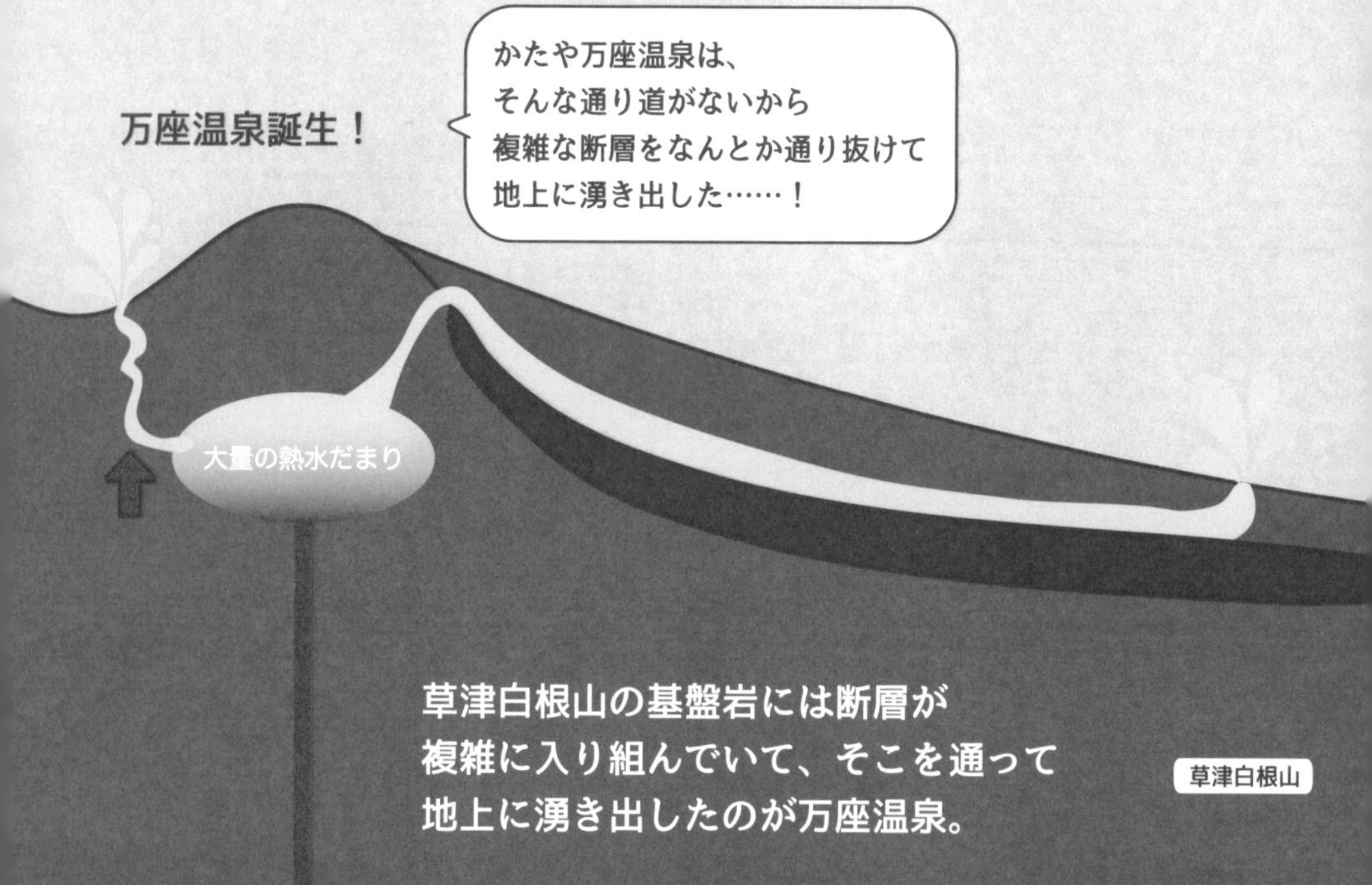

そんなふうに、温泉の個性はその温泉がどこからどんなふうにしてやってきたかで決まってくる。たとえば熱くてしょっぱい熱海温泉ならば、30万年前にあのあたりには多賀火山というでっかい火山があった。この火山は山頂に噴火口があるだけでなく、海底部分の裾野にも噴火口があったっていうんですね。で、火山としての活動を終えた今でもその地下に熱源を蓄えていて、そのおかげで熱海はわずか地下300メートルほど掘っただけで80℃にもなる。そんな場所に熱源があるので雨水だけでなく岩盤の亀裂に染み込んだ海水も一緒くたになって湧き出しているのが、熱海の湯だったりする。

その温泉はどこからどんなふうにしてやってきたのか。そういえばAKB48の歌にもありましたねぇ。『365日の紙飛行機』のサビの歌詞。「その距離を競うよりどう飛んだかどこを飛んだのかそれが一番大切なんださぁ〜心のままに〜♪」っていうところ。そう、温泉もまったく同じだというわけ。

ちなみにボクが個人的に「その温泉はどこからどんなふうにしてやってきたのか？」を知って、いちばんびっくりしたのは新潟県の松之山温泉だったりする。有馬温泉、草津温泉と並んで日本三大薬湯のひとつである松之山温泉。油臭と薬湯にふさわしい薬っぽい匂いのする、あのクセのある（このクセがクセになるんだなぁ）名湯はどこからどんなふうにしてやってきたのか？

松之山温泉の水源は化石海水。その〝化石度〟はどのくらいなのかというと、まさにこの松之山温泉こそ人類がまだ猿だったころの1200万年前の海水が今、我々の前に温泉としてコンコンと湧き出しているのだ。でもですよ。驚くべきはそれだけじゃないんですねぇ。

松之山温泉の成り立ち

松之山温泉
住所：新潟県十日町松之山
泉質：ナトリウム・カルシウム−塩化物泉

昔々、遠い昔のこと、
そこに海がありました。

海

生物や微生物の死骸層などの有機物が堆積した層

水やガスを通しにくい泥岩層

熱源

松之山温泉は山間に自噴する温泉だ。源泉はとても熱い。でも近くには火山がない。なにに温められてそんなに熱いの？　と、紀伊半島の温泉と同じような疑問が湧く。

松之山温泉がある一帯は地質学界では「松之山背斜（はいしゃ）」と呼ばれていて、標高674メートルほどの大松山（たいしょうざん）を頂点とした、ちょうどお椀をひっくり返してポンと置いたようなドーム型の地形をしている。実はこの地形にこそ松之山温泉のヒミツ、なぜ火山がないのに熱いのか？　なんであんなクセのある香りをした温泉なのか？　といったナゾの答えが隠されているのだ。

化石海水があるということは、もともとこのあたり一帯は海の底だったことを物語っている。それがいったいどのようにして、そんなお椀をひっくり返したような地形になっちゃったのかというと、これ、また、別の章でも詳しく説明するので、簡単にいうと、太古の昔に日本列島が今のカタチに

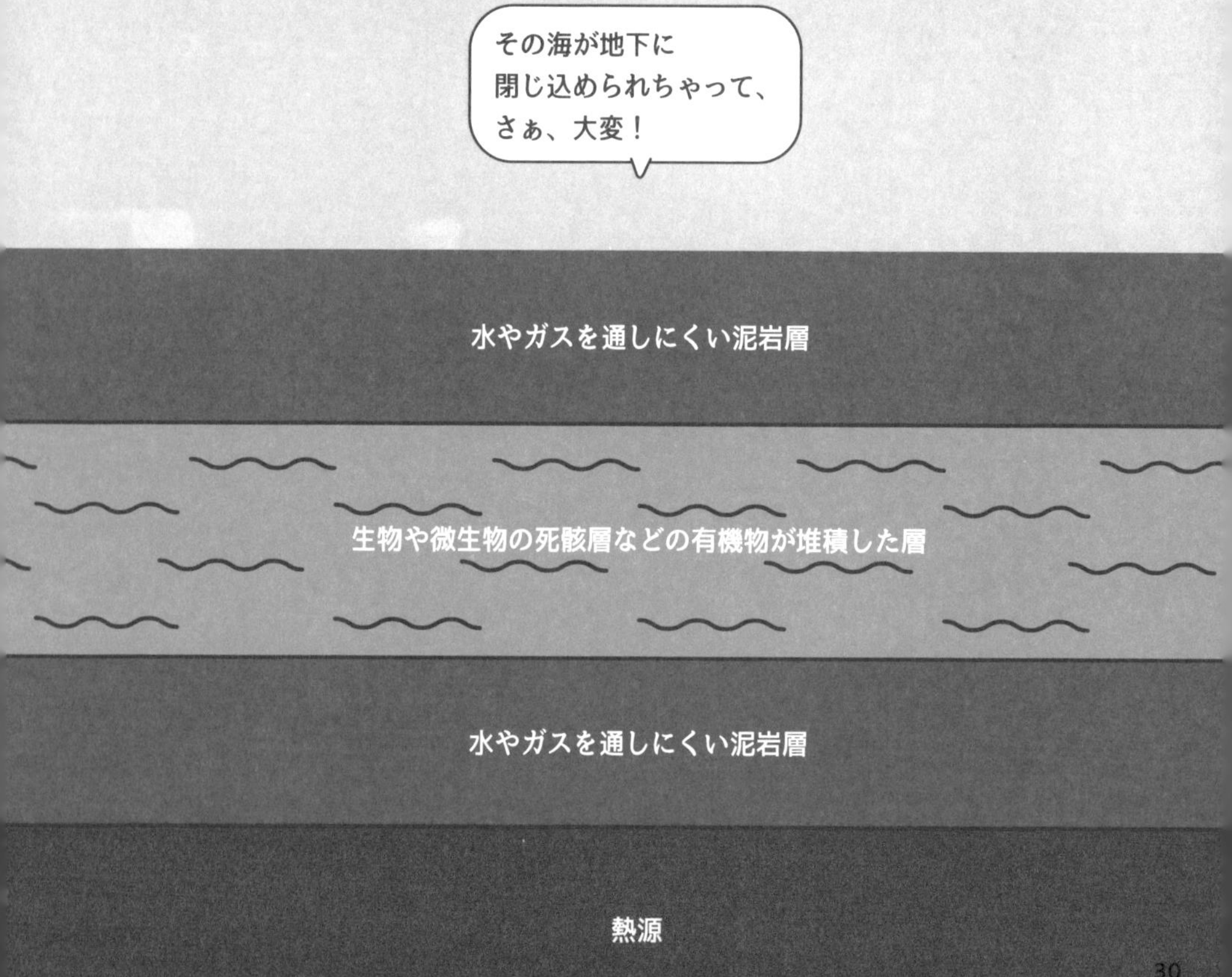

その海が地下に
閉じ込められちゃって、
さぁ、大変！

水やガスを通しにくい泥岩層

生物や微生物の死骸層などの有機物が堆積した層

水やガスを通しにくい泥岩層

熱源

なっていく過程で、せめぎ合う大陸プレートと海洋プレートの強力な圧力によって東日本全体に東西圧縮というスゴいコトが起きた。平たくいえば東日本が西側と東側の両方からの強烈な圧力でグシャっと潰れるようにして平地が隆起して山になったと。本州の背骨と呼ばれる奥羽山脈をはじめとした山々はそのようにしてダイナミックにできあがった。松之山温泉のドーム型の地形もそうやってできたわけだけど、化石海水を閉じ込めたまま、そんなことになったので、しかも、もともとは深海の底だったから、その地質は水が浸透しにくい泥岩が主だった。つまり泥岩のお椀の密閉容器に閉じ込められたような感じになった。だいたい地下2000~7000メートルのところに閉じ込められていると推測されている。さて、するとどうなるか？　そこは元深海だったわけだから海の生物由来の有機物が堆積していた。それでもって酸素が少ない深海

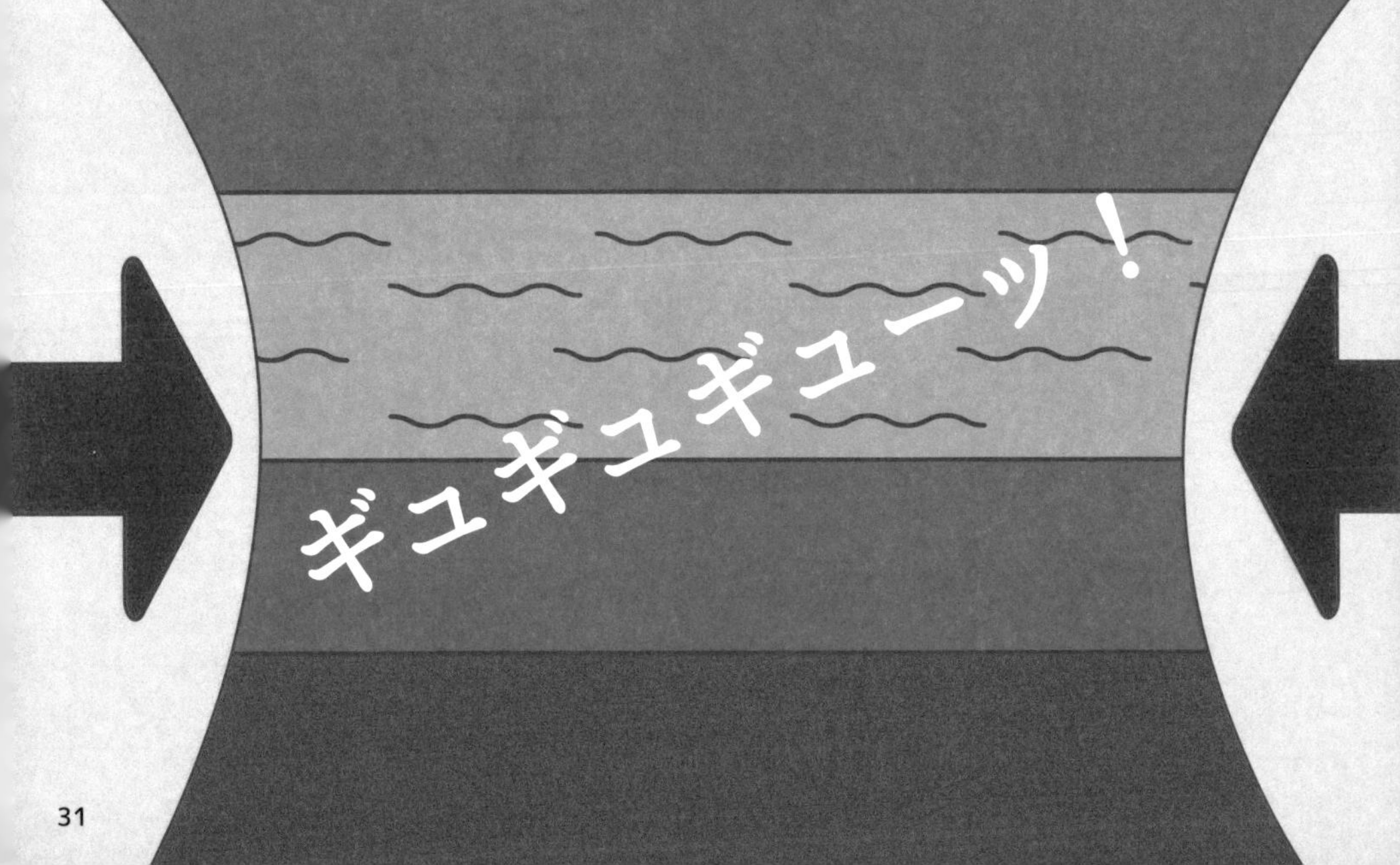

だから松之山温泉の水源となった化石海水はメタンガスをたくさん含んでいる。それが地中で石油、ガスに分解される。すると軽い順にガス、石油、化石海水の三層に分かれる。それが地下7000メートルあたりだとかなりの高温で圧力もかかってくる。でも泥岩の密閉容器のような状態なので逃げ場がない。それでもって圧力がハンパない。そこでたまらず断層の隙間を通って地上にビューッと湧き出てくる。つまり水鉄砲と同じ原理というわけだ。ハンパない圧力で地上に一気に上がってくるから、高温のまま周りの地下水も混じらず、熱いまま、濃厚でしょっぱい源泉として噴き出ているというわけ。そして油臭と薬臭が混じったような独特な香りは分解されたガスや石油のフレーバーが源泉に溶け込んでいるのである。いや、ホント、繰り返すけれども、この独特な香りがクセになるんだなぁ。

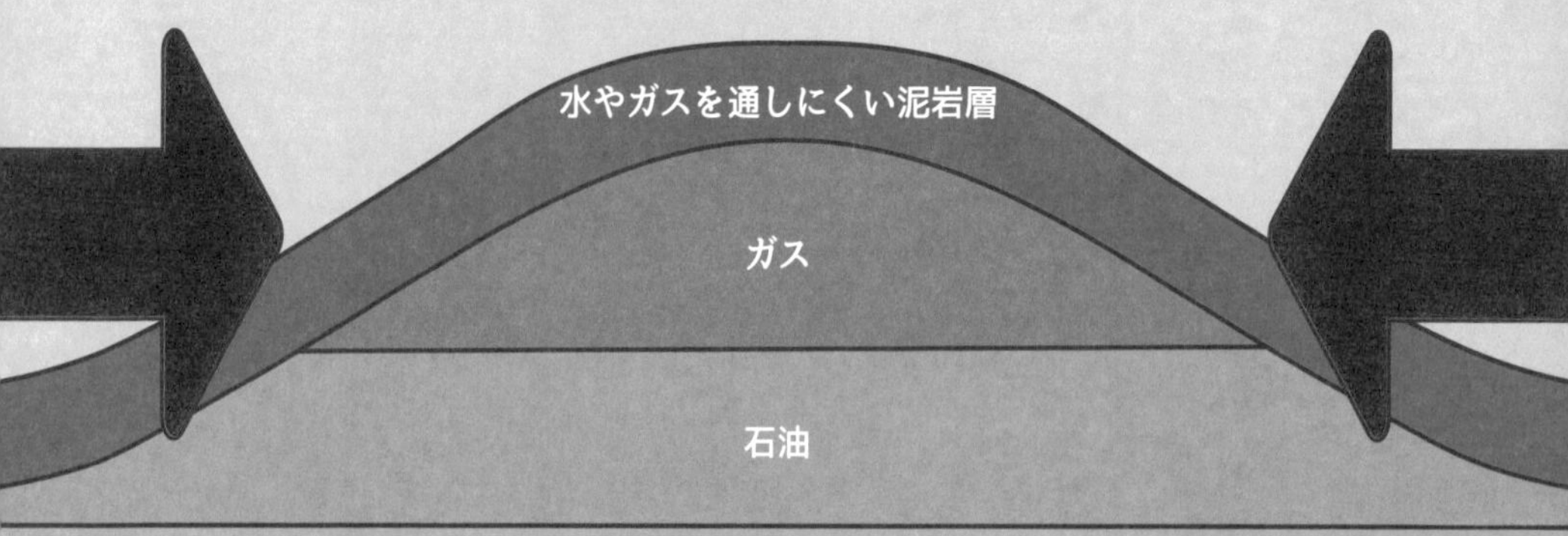

温泉の旅路。湯に浸かりながら、その温泉の旅路に想いを馳せるだけでも、グッと感慨深くなってくる。ネットで調べたり、場所によってはその温泉の由来が書いてある説明書きがあったりするから、読んでおいて損はない。いや、この際だ。読まないと損するといっちゃおう。あるいは由来がよくわからなくても、ああ、今自分が浸かっている湯は、あそこの火山のマグマで温められて、それが地底の数十年の旅路を経て、こういう個性の湯になっているんだなぁ。あるいは化石海水の湯だったらなら、ああ、ここら辺一帯は古代の海だったんだなぁ。それが地下に閉じ込められて、数十万年熟成されて、それに浸かっているんだなぁ、ヤバいよ、それって！　と。そんなことに想いを馳せるだけでも違ってくる。温泉がより愛おしくなってくることうけあいなのだから。

究極なことをいうと、それは地球の外からやってきた!?

その温泉がどこからどんなふうにしてやってきたのか。もっと究極なことをいっちゃえば……温泉のもとになる「水」はどこからやってきたのか。

え? 雨や雪や化石海水じゃないの?

もちろん、そうなんだけれども、そもそも、その水はどこからやってきたのか。

え? 水の惑星っていうぐらいなんだから、もとからたっぷりとあったんじゃないの?

ふふふ。そう思いますよね。でも、実はですねぇ、最新の地球科学の見地では、水はなんと地球以外の宇宙からやってきたとされているんだなぁ。

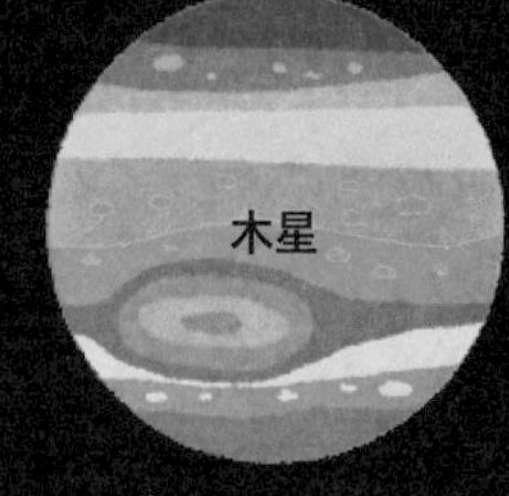

火星

冷たい星
水は凍る

そもそも地球が誕生したときの地球の大きさは今よりもっと小さかった。それがいろんな塊とぶつかったり合体したりしながら、大きくなっていくとおのずと引力も大きくなっていく。するとその引力が強力に周りのものを引き寄せるようになって、そこに隕石がそれこそ雨あられのようにジャンジャカと衝突して、ジャンジャカと合体しあって、ようやく今のサイズになった。で、それら隕石の中に水のもとになる物質が含まれていて、それが分解されて水になって地球は晴れて水の惑星になったわけなのだ。これ、めっちゃ奇跡的なことで

水は地球の外からやってきた。で、地球は水にとってちょうどいい星だったんだなぁ。

もあるんです。それというのも、水って冷やすと氷という固体になる。逆に温めると気体になる。あるいは前述したように周りの岩石とともに変性して結晶の中に水を含んだ含水鉱物になったりして、水って実にトリックスター的な鉱物（そう、水って鉱物なんですよ）だったりするわけです。だから今、地球は太陽から1億4960万キロメートル離れたところで太陽の周りを回っているけれども、これが今より遠くなると水は凍って氷の惑星になってしまう。逆に今より近くなると、水は蒸発して灼熱の惑星になってしまう。地球の両隣の火星と水星がまさにそうなっているように。つまりたまたま地球は太陽から1億4960万キロのところを回っていたから水が水でありえたというわけ。そして、その水は地球の地下のダイナミックなメカニズムの〝ナイスな副産物〟として我々に温泉をプレゼントし続けてくれている。なんというミラクルでブラボーなことなのだろうか！

太陽

水星

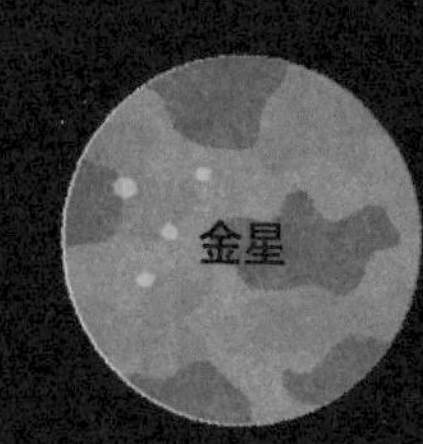

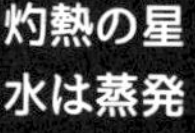

灼熱の星
水は蒸発

水のもとになる物質を
含んだ隕石が衝突！

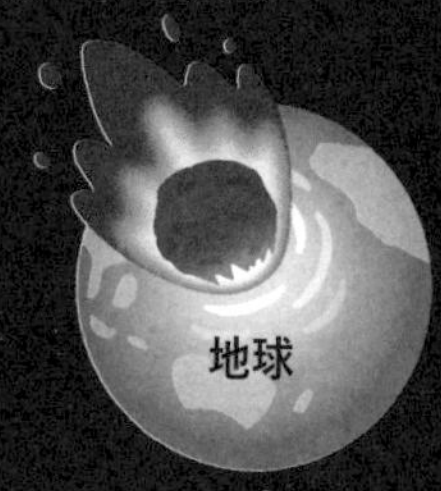

ちょうどいい星
水は水のまんま

まぁ、とはいえ、さすがにこれは究極すぎる。現代に生きる我々には意味ないほどに。わかってます。わかってますって。でもあえていいたかった。だってねぇ、温泉に浸かりながら46億年前の地球誕生のドラマに想いを馳せてみる。この湯はかつては地球の外からやってきて、そうして今は地球の地上と地下をダイナミックに循環していて、こうやって温泉になっているのかぁ、と。いや、ホント、そんなことを思えば、自分が温泉に浸かっていることがとてつもない奇跡であることがわかってきますから。そう、この奇跡を忘れてはならない。忘れないことが、温泉愛をより深めるのだから。

でも、実はほとんどわかっていない!?

と、ここまで温泉のメカニズムとかをわかっているかのようにサクサクと紹介してきたけれど、いきなりちゃぶ台返しをするようで恐縮なのですが、そもそも、地底のことってわからないことだらけだったりする。それまで謎だった紀伊半島の温泉はかなり科学的に裏付けが取れたようだけど、あくまでも有力な説にすぎない。松之山温泉も然り。草津温泉も万座温泉も然り。

だってねぇ、地底ってこの目で見ることができないのですからね。我々が立っている地上から地球の中心までの距離は6400キロメートルと、ものスゴく深い。それに対して人類がこれまでに掘ったいちばん深い穴は12キロメートルだ。その穴は1970年代から80年代にかけて、ロシア連邦がまだソビエト連邦だったころに地質調査のプロジェクトで掘ったコラ半島超深度掘削坑という穴。本当はもっと深く15キロメートルぐらいまで掘る計画だったそうだけど、あえなく頓挫した。なぜか。地底の高温に阻まれたから。記録によると12キロメートル地点で205℃に達していたそうだ。

12キロメートルと聞いて、それが深いのか、たいしたことがないのか、ピンとこないと思うけど、地球上でいちばん深い海の底とされている、あのマリアナ海溝よりも深いと付け加えたらどうだろうか（ちなみにマリアナ海溝の深さは約10キロメートル）。まぁ、コラ半島超深度掘削坑は、そんなとっても深い穴なんだけれども、視点を変えて地球全体から見たならば、表面にちょっと針で突いた程度でしかない。数値でいえば地球の半径のわずか0・18％。なんてったって地球は半径

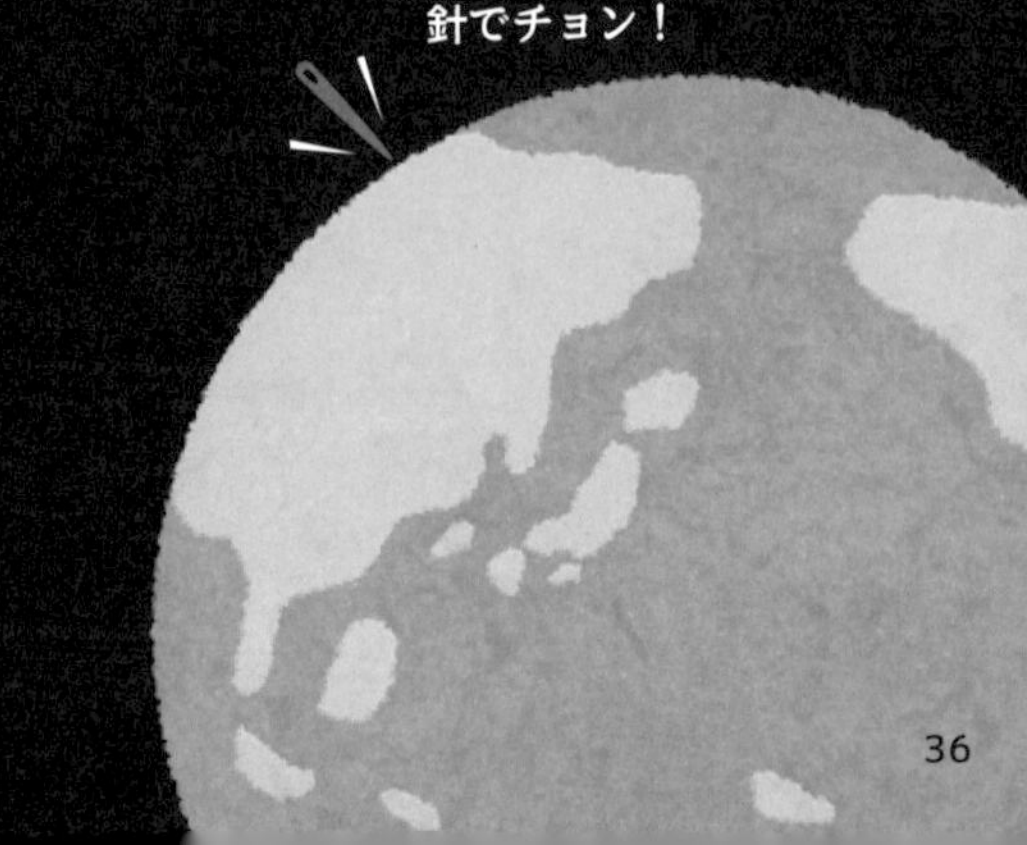

6400キロメートルもあるわけですからね。そして、地球の表面を卵の殻のように覆っている地殻は、比率的にもちょうど卵の殻ぐらいなのだけど、それでも厚さ30～50キロメートルもあるわけで、これまで、あれこれお話ししてきた温泉の熱源の世界はその地殻よりもはるかに深いところの話なのだから。

じゃあ、なんでそんな誰も見たことがない深いところで温泉がどーしたこーしたなんてことがわかるのか？　それは、きっとそうだろうと推測されているだけなのである。地質学の専門家の間ではこんなことがいわれている。すなわち、地球の中心は太陽系の果てよりも遠い、と。もちろん物理的に地球の中心が太陽系の果てよりも遠いなんてことはない。地球から太陽系の果てまでは約50億キロメートルもある。それでも、太陽系の果てにある海王星は望遠鏡で観測できるし、ボイジャー1号と2号が太陽系の果てに到達してから、すでに久しい。

じゃあ、目で見ることができない地底のことをどうやって〝観測〟しているのかというと、地震の振動の伝わり方を観測したり、火山の噴火で地上に噴き出されたものを分析したり、火山ガスを分析したり、昔の断層の岩を分析したりと、いろいろなことから複合的に推測をしていて、実は温泉の成分も地底のことを推測する上で大切な手がかりになっていたりする。たとえば紀伊半島の温泉の源泉がフィリピン海プレートの沈み込みに由来すると考えられた手がかりのひとつが、源泉にマントルに含まれる成分が入っているということだった。なんでそんなものが源泉に含まれているのか？　もしかしたら紀伊半島の温泉は地下のそう深いところと、なんらかのカタチでつながっているのかもしれない。そうとしか考えられない。と、そんな仮説からはじまって、紀伊半島の温泉のダイナミックなメカニズムが10数年かけて晴れて解明されたわけですから。

我々の足元の地底はまだまだ謎だらけのアナザーワールドなのである。いや、地球の地上では人類未踏の地がほぼなくなり、宇宙では129億光年も離れた星が観測された現在。地底は残された最後のアナザーワールドなのかもしれない。そして温泉はそんな地底のヒミツを教えてくれる〝のぞき窓〟でもあり、アナザーワールドからの恵みでもあるのだと。

めくるめく激動！　気がつけば日本は世界一の温泉大国になっていた!?

ところでなんで我が国日本は世界一の温泉大国なのか。すべての自然現象には必ず理由がある。ほら、ドラマ「ガリレオ」でも福山雅治演じる天才物理学者・湯川学が、いつもクールにいってたじゃないですか。「しかし、僕に言わせれば現象には必ず理由がある」と。そう、日本が世界一の温泉大国になったのにも然るべき理由があるのである。

時は今をさかのぼること3000万年。まだ日本列島の影もカタチもなかったころ、ユーラシア大陸の最東端が巨大なチカラによって引きちぎられた。引きちぎられた陸地は2本の島となって回転扉が開いていくかのように半回転しながら大陸を離れていった。これが日本列島の原形である。なんと、日本（ニホン）はもともと2本（ニホン）の島だったという、ダジャレかよ！とツッコミたくなるような誕生の仕方をしたのだ。

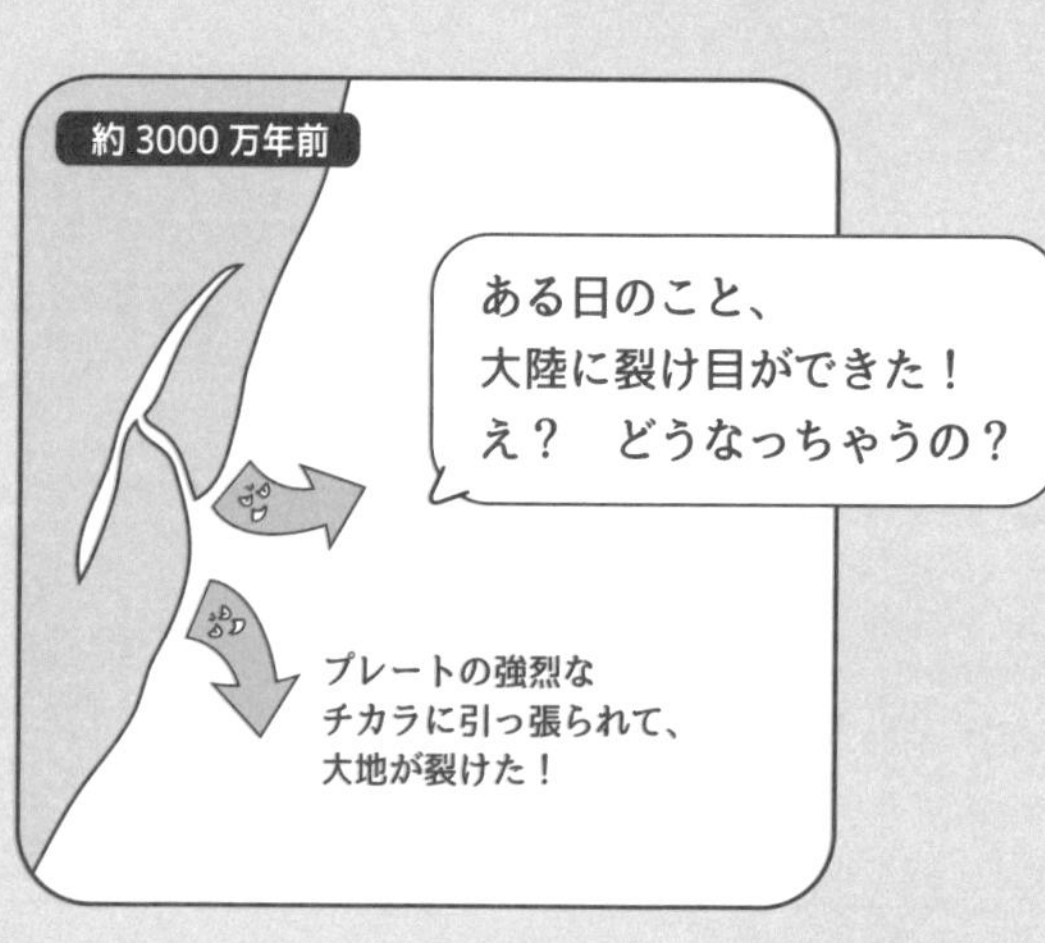

さて、引きちぎられた2本の島はなおも大陸から離れていったのだけど、そこにさらにスゴいことが起きた。現在の日本列島といえば、ちょうど本州の真ん中あたりで逆くの字形に曲がっていますよね。もしもそのさらにスゴいことが起きていなかったら、きっと日本列島は本州の真ん中で海を跨いで

東日本、西日本といった感じに分断されていたままだったろう。いったいなにが起きたのか？

なんと、観音扉が開くような感じに大陸から離れていった2本の島に向けて、現在の伊豆諸島あたりから次々と海底火山がぶつかって、地上に乗り上げていったのである。扉が開くような感じで離れていこうとしているところに、それを抑え込むように海底火山が次々と乗り上げていったものだから、2本の島はつながって逆くの字形に曲がった1本の島になったというわけだ。ちなみにその乗り上げた海底火山が現在の丹沢山地。伊豆半島は一番最後にぶつかってきた海底火山の名残り。そして我が日本が誇る富士山は、この海底火山が次々とぶつかってきたときに地下で

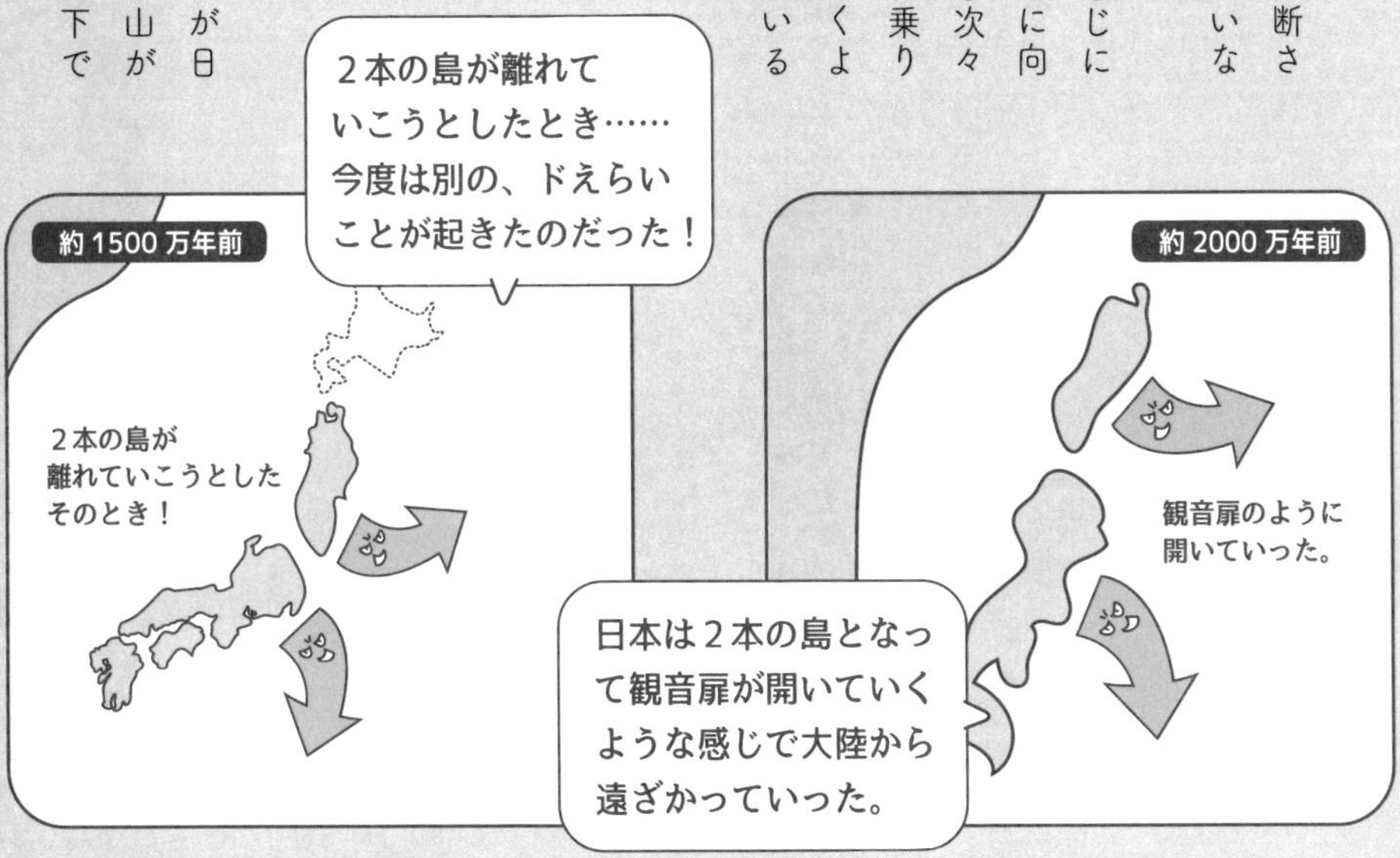

亀裂ができてマグマがそこから噴火し、それが繰り返されてできた山だったりする。いうなればあの美しい富士山は、このダイナミックな一連の出来事の、記念モニュメントみたいなものでもあるわけなんですね。

で、コトはそれだけでは終わらなかった。いや、その前に、なんで2本の島は大陸から引きちぎられたのかを説明しよう。

本書の最初の項で日本列島は4つのプレートの上に乗っかっている世界にも珍しく、とんでもなく過酷な列島といったけれども、そう、2本の島を大陸から引きちぎった巨大なチカラの正体はプレートの移動するチカラだったのである。そんなふうに日本列島の原型は無理やり引きずられるようにして4つのプレートの上をまたぐというトンデモないポジションに収まった

のだ。いや、これ、たまったもんじゃないですよ。だって日本列島はそのおかげでこのプレートたちが巨大な力で（大陸から陸地を引きちぎるほどの巨大な力で）押し合いへし合いする圧迫を受け続けているわけですから。中でもやっかいなのが、地球上で一番巨大な、プレートのラスボスみたいな太平洋プレートが、なんでアンタみたいな大物が、こんなちっぽけな島をイジメるのよ？　って感じに日本列島の下に常にジワジワ圧力かけながら沈み込んでいる。で、さらにその横では太平洋プレートの子分みたいなフィリピン海プレートなるものが、また違った方向に常にジワジワと沈み込んでいる。どこまでイジメるんかい！　って感じに。

　なんていうか地球の力のせめぎ合いのシワ寄せみたいなものを、極東の小さな列島が一気に引き受けているのが日本列島だったりするわけだ。

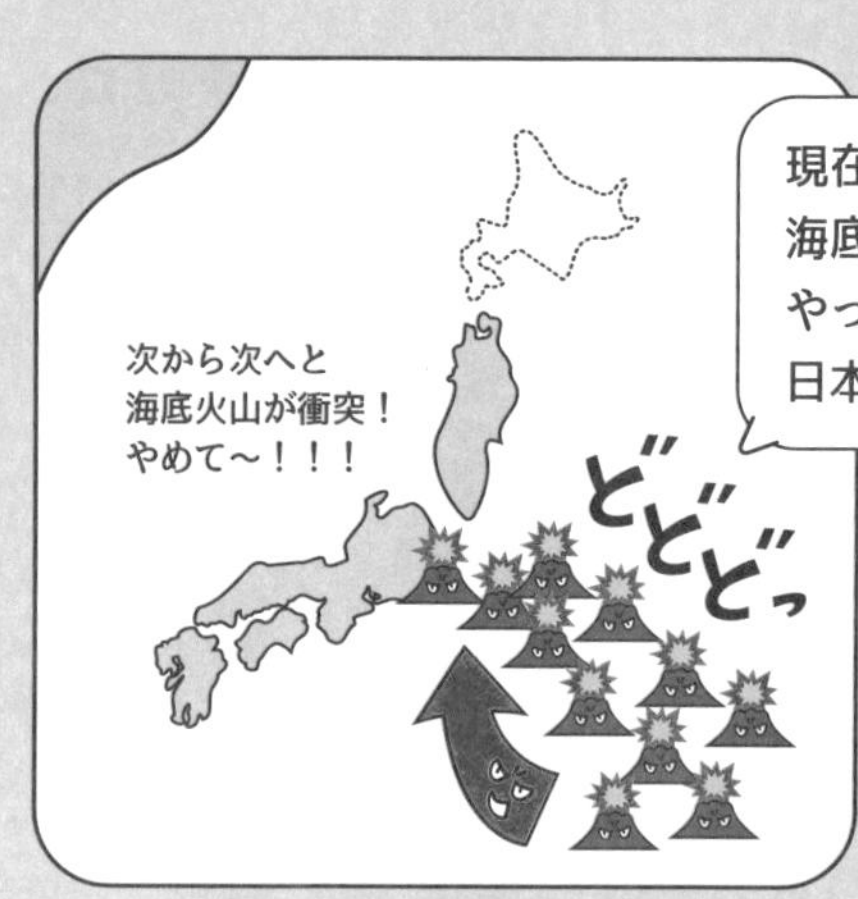

　そんな過酷な状態にある日本列島は、当然、地下の地殻変動がとんでもないことになるわけです。たとえば地殻にヒビが入って割れていくわけです。それがやがて巨大な断層になっていく。で、その断層が煮えたぎったマグマの格好の通り道になって、火山の噴火をあちこちに起こす。それがまたさらなる地殻変動を引き起こして、連鎖的な火山の噴火を起こす。そんなことが地下で起きたというわけ。

　まず、西日本では現在の紀伊半島全域をカバーするような、とんでもない規模のカルデラ噴火が起きた。そう、1章の冒頭でお話しした、あの紀伊半島の名湯たちの熱源になっているかもしれないとされた神奈川県大の超巨大な岩を産み出したカルデラ噴火は、ここで起きたんですね。

そんなとんでもない規模のカルデラ噴火が起きた直接の原因は、大陸から〝日本列島の原形〟が引きちぎられて移動していたころ、フィリピン海プレートも巨大な力に引っ張られて割れ目ができた。その割れ目から超高温のマグマが溢れ出して、そのあたりのフィリピン海プレートが表面温度1000℃にも達したっていうんですね。で、西日本は移動しながら、その熱い熱いフィリピン海プレートに乗り上げた。そのプレートの熱が紀伊半島のカルデラ噴火を引き起こしたというのである。じゃあ、そんな高温のプレートに乗り上げた西日本のほかの地域はどうなのよ？　と思ったあなたは鋭い。そう、実は紀伊半島だけではなかった。現在の愛知県、愛媛県、宮崎県、鹿児島県でも熱いフィリピン海プレートによって同じような巨大カルデラ噴火が連鎖的に起きたのだ。そして同じように地下でマグマが冷え固まって巨大な花こう岩ができたのだけど、花こう岩っていうのは実は地下のほかの岩石よりも軽いんですね。じゃあ、軽いとどうなるかというと、なんと周りの重い岩石が沈み、逆に軽い花こう岩はジワジワと浮き上がってくる、ものすごく巨大な花こう岩が。で、それらが浮き上がって地上を押し上げて山地をつくったというのである。西日本の太平洋側の山地はそんなふうにしてできあがったのだ。いやはや、えらいこっちゃですよ。

そして西日本の下へと斜めに沈み込んでいったフィリピン海プレートは、だいたい深さ130キロメートルに達したあたりで高温の地熱で溶け出してマグマとなる（マグマの発生は本当はもっと複雑なのだけど、ここではとりあえずシンプルにそう理解してください）。そしてそのマグマが噴火して出来上がったのが、福井県あたりから山陰地方、九州、そして台湾にまで連なる西日本火山帯だったりする。

さて、そんなふうにして西日本はできあがった。じゃあ、東日本はどうなんだ？　ハイ、これがまたそっちはそっちで、ドえらいことが起きていた。前述した松之山温泉の説明で東西圧縮のことにサラッとふれたけれども、そう、それが起こったんです。日本列島が乗っかっているのは北米プレートとユーラシアプレートという大陸プレートで、その下にプレート界のラスボスとでもいうべき太平洋プレートがジワジワと沈み込んでいる。で、プレート同士のせめぎ合いの圧力が凄まじい。あまりの凄まじさに耐え切れなくなって東日本はグシャっと潰れるようにして平地が隆起して山になった。つまり北アルプスの山々や、本州の背骨と呼ばれる奥羽山脈なんかがそんなふうにしてできあがった。ったく、クシャおじさんの顔じゃないんだからねぇ。えらいこっちゃですよ。え？　クシャおじさんって誰だって？　いたんですよ、昔、そーいうおじさんが。

地上がそんな状態になっちゃうんだから、地下はもっとスゴいことになったのはいうまでもない。地殻は硬い岩石層である。地上が隆起するほどの力を受けるとひび割れる。つまり断層ができる。それでもって東日本の下へとジワジワ沈み込んで

いく太平洋プレートもまたフィリピン海プレートのように地底深くで大量のマグマを発生させる。で、そのマグマが東日本の無数の断層を通って地上に噴火して火山となる。だから東日本の背骨のように連なる山脈は、連なるいくつもの火山でもある。かくして日本列島は現在のカタチになったというわけ。

さて、こうして日本列島の成り立ちをなぞってみると、日本は火山の造山運動によってつくられた列島だということがよくわかる。まさに日本は火山列島なのだ。ハイ、ここまでくれば、なんで日本が世界でダントツの温泉大国になったのかもうおわかりですよね？　そんなふうにしてできた日本には地球上の陸地にある火山の約10％が集まっている。日本の国土なんて世界の陸地の0・

25%ほどですから、それを思えば日本列島がどれだけ火山だらけの島かということがわかるでしょ。いい変えれば温泉の熱源だらけの島というわけですよ。

　ついでにいえば、東日本の背骨のような山脈は、熱源だけではなく温泉にとってもうひとつ重要な役割を担っている。いうなれば長大な雨の発生装置でもあるんです。どういうことかというと、日本列島上には季節によってあっちからこっちからと季節風が吹いているわけです。西からの季節風は日本海から湧き上がる水蒸気を運んで、逆に東からの風は太平洋から湧き上がる水蒸気を運んで、と。

　いずれにしてもそれらの風は東日本の背骨のような山脈に阻まれて、その上空に大量の雲を発生させる。で、それが大量の雨を降らせるというわけ。日本って雨が多いでしょ？　つまりそういうことなんですね。おかげさまで日本は世界有数の水が豊かな国でもあるのだけれども、そう、それはまた、温泉の水源でもあるというわけ。東日本の背骨のような山脈は温泉の熱源であると同時に水源でもある。うまくできているんですねぇ。

　と、こんな感じに駆け足で日本列島の成り立ち、ひいては温泉大国になったわけを語ったけれども、これは時間にしてなんと３０００万年の気の遠くなるような長い時間をかけて起きたことだったりするのだ。でかいんです。スケールがケタ違いなんですよ。地球の歴史というやつは。

　駆け足で語ると、あたかも大陸から島がグワっと引きちぎられて、ズルズルと移動して、そこに海底火山がガンガンとぶつかってきて、列島では火山がバカバカと噴火しまくったみたいな感じになるけれども、実際は目には見えない超スローモードで起きたことだったりする。いや、正確にいうならば、なんと、それは今でも起き続けている。奥羽山脈は今もなお年間で３ミリぐらい隆起しているし、伊豆諸島もミリ単位で近づいてきているし、そう、壮大なドラマは終わっていないのですね。だから太平洋プレートの沈み込みが止まらない限り、現在の伊豆大島もいつかは伊豆半島に衝突して乗り上げる。１０００万年後？　５０００万年後？　そして、そのとき、地球上に人類は存在しているのだろうか？

激動の地殻変動によって
火山だらけの島となり
世界一の温泉大国に！

2章

湯・イズ・エヴリシング！

ボクを温泉沼に引きずり込んだ、どんちゃん騒ぎ温泉のこと

その温泉に出会う前はボクも多くの人がそうであるように、温泉といえばみんなで繰り出しての観光地の温泉街。温泉旅の楽しみといえば、宿の食事、食べ歩きしながらの温泉街のそぞろ歩き、お土産屋さんで地酒を買って、そこらへんの居酒屋で酒飲んでみんなでワイワイ、射的場で身を乗り出して射的をして、どーでもいい景品もらったりして、で、いかにもハコモノ旅館的な宿に帰ったら、最上階の大浴場で湯に浸かって景色を眺めて、ああ〜、やっぱり温泉はいいなぁ、日本人に生まれてよかったなぁ、なんていうことをいっていた。その湯が循環湯だろうが、塩素消毒だろうが、加水されて薄まっていようが、全然かまわない。ていうか、そもそもそこにこだわっていなかった。今にして思えば、あのころのボクは源泉掛け流しっていう言葉すらも知らなかったかもしれない。ところがどっこい、出会っちゃったんですねぇ、そういう、旅ゆけ〜ば三日月〜♪　ホテル三日月〜♪　的なボクの温泉観をパタン！　と一八〇度変えてくれた温泉に。今から20年ぐらい前のこと。コピーライターとして静岡県のお茶の里に静岡茶の取材に来ていたボクは、取材をアテンドしてくれた人の、ちょっと温泉でもどうですか？　の突然の誘いに、いいっすねぇ、昼間っから温泉。いきましょう！　と、二つ返事で答えた。でも、こんなところに温泉なんてあったっけ。こんな、あっちもこっちもお茶畑のところに。

狭い石段を降りていくと……。

ところがどっこい！
平山温泉入口って書いてあるじゃないか。

しかしすぐそこにその温泉はあった。道を外れてちょっと降りていったところに一見民家のような建物があって、玄関の上の古風な木の看板に「龍泉荘」と書かれてある。

玄関を開けると時間が止まったような本物昭和レトロな空間が目に飛び込んできて、たちまち胸の中にワクワク感が小さな竜巻のように湧きあがった。入浴料を払って、ご主人から、あっちが浴室、こっちが休憩室と教えられ、そしていそいそと浴室へと向かった。簡素な脱衣所に入ると古ぼけたガラス戸の向こうに3つに仕切られたタイル張りの楕円（だえん）形の湯船がドドンと見えて、思わず、おお～という声をもらしてしまった。見たことのないタイプの湯船。そしてそれが真ん中に鎮座する渋いひなびた空間。ハコモノ温泉ホテルの最上階の絶景が眺められる大浴場とやらとは、まったく真逆な温泉。湯に浸かっている

コイツはタヌキなのかクマなのか？

中へ入るとこんな感じ。ちょっとワクワクしてきましたよ！

民家のような玄関に「龍泉荘」の看板が。よく見ると小さな橋がかかっている。

脱衣所のガラス越しに湯船が見える。
ジモ感満載！　ちょっと入りづらいなぁ。

たぶん地元のおじさんたちがすごく気持ちよさそうに呆けてる。あまりのジモ感にひるんだけれども、ここで負けてなるものかと、別世界へ飛び込んでいくかのように浴室に入り、よっしゃぁ～っとかけ湯をして気合を入れて、その湯に浸かってみた。

おいおいおいおいおいおい！　なぁ～んですか、この素晴らしすぎる湯は～！

いや、ホント、大げさではなくココロの内なる声が叫んだ（そう、ココロの内なる声っていうのはいつだって正直なんだなぁ）。まず思ったのが、なんなんだ？　この体が確実によろこんでいる湯の気持ちよさは？　っていうこと。今ならばそれが源泉の鮮度の賜物だっていうことがわかるけれども、そのときの、まだ旅ゆけ～ば三日月～♪　的なボクなんかに、そんなもんがわかるわけがなかった。そして、ほんのりと硫黄の香りが鼻をくすぐる快感。絶妙なさじ加減で硫黄がフワリと香っている。これま

さすが静岡だ！
仕切りのある湯船。
コレって、まるで
静岡おでんの鍋！?

で温泉の香りに、おお～硫黄の匂いがプンプンだ。温泉に来たって感じだよなぁ、って思ったことは何度もあるけれども、温泉の香りにこんなにもウットリとしたことはなかったのだから。そんな龍泉荘の素晴らしい湯に一人ひそかに感動していたら、先客の、たぶん地元の人であろうおじさんが声をかけてくれた。ここ、はじめてなの？　と。きっとそのときのボクの様子が、はじめて感丸出しだったのだろう。はい、はじめてです。いやぁ、いい湯ですねぇ、と答えると、そうなんだよ、最高の湯なんだよ、と目を細めて、ここはね、湯船ごとに温度が違うから入り比べてみればいいよ、と教えてくれた。3つに仕切られた楕円形の独特な湯船は隣の湯船に源泉がオーバーフローしていくたびに温度が下がっていく。それで3つの湯温が楽しめるとのことだった。へぇ～おもしろいなぁ、と、さっそく入り比べてみると、なるほど確かに湯

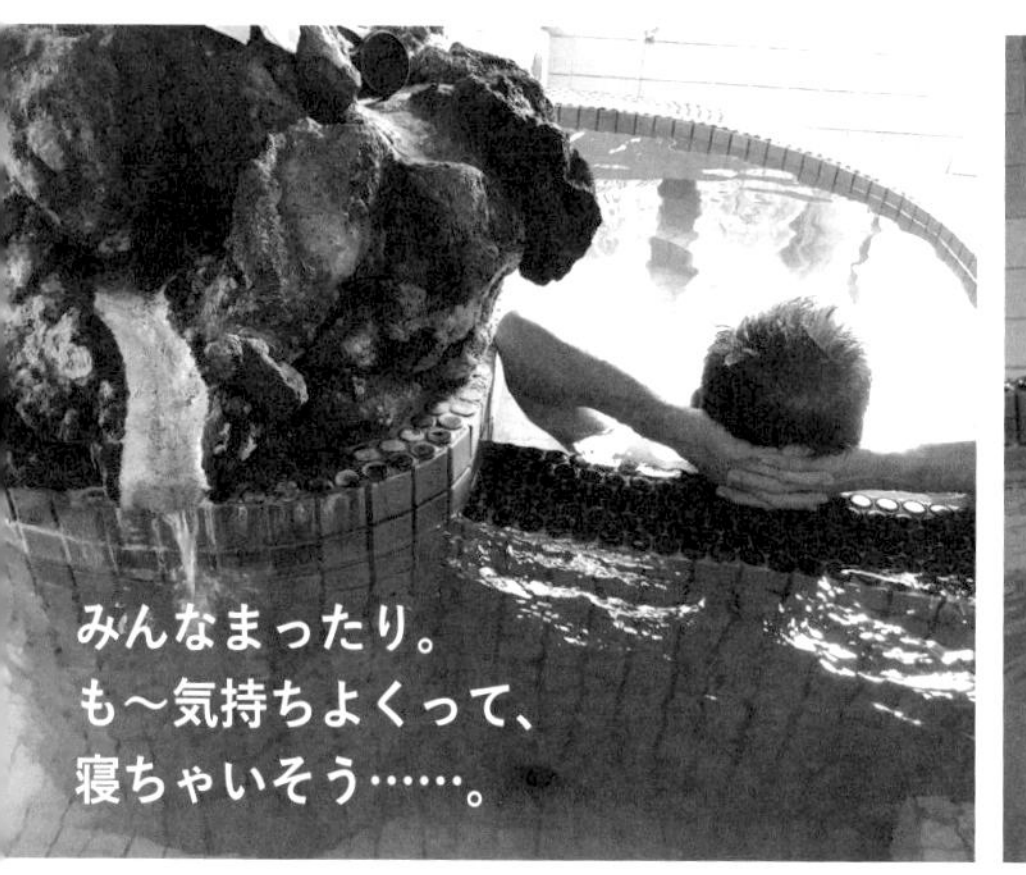

みんなまったり。
も～気持ちよくって、
寝ちゃいそう……。

な、な、な、な、
なんなんだ～？
この素晴らしすぎる湯！

温が違う。いちばんぬるい湯なんかはあまりに気持ちよくてウトウトしちゃうほどだった。と、そんな感じに地元のおじさんとあれこれおしゃべりしながら（最強の静岡おでんの店とかも教えてもらったりして）、素晴らしすぎる湯、ひなびた味わい深い空間で、これまでの温泉体験とは別世界の時間を過ごした。いやはや、世の中にはこんな温泉もあるんだなぁと、ココロをにんまりとさせていたボクだったけれども、なんと、そこからさらに別世界を体験して、龍泉荘に完全にヤられてしまったわけなんですよ。

さて、ああ～いい湯だったなぁってなると、次は、ほら、ビールでしょ？　世の常というわけでね。ということで休憩室で湯上がりのビールをグビグビプハァ～っとやろうと向かったわけなんだけど、その休憩室がなにやらやけに騒がしかったんですね。

なんだなんだ？　この騒がしさは？　と休憩室へ入ってみると、おじちゃん、おばちゃんたちが入り交じって、どんちゃん騒ぎしていた。時間にしてまだ頭の上でお天道さまがさんさんとしている午後2時ごろだったと思う。見たところ、たぶんお茶農家の人たちなのだろう、ひと仕事終えて、湯に浸かって、湯上がりの飲めや歌えやのどんちゃん騒ぎ。心から楽しそうに、おじちゃんたちはサブちゃんを熱唱し、おばちゃんたちは持ち寄った手作りのお総菜なんかを分け合って舌鼓を打っていた。

　いつもだったら、チッ。うるさいなぁ。せっかく湯上がりビールでまったりしたかったのにって思うところなのに、そのときは違った。龍泉荘の素晴らしい湯に酔いしれてココロも別世界をさまよっていたのだろうか。いいなぁ、昼間っからのどんちゃん騒ぎ。理屈やヘッタクレとは無縁の陽気などんちゃん騒ぎ。ああ、自分もこの中に交じりたいなぁ、と。それをなんていえばいいのだろう。たとえば寅さんの映画とかでみんなで楽しそうに酒飲んでるシーンなんかを観ていると、ああ、なんかいいなぁって、自分もその中に入っていきたくなるみたいなことがあるじゃないですか。まさにそんな感じだった。

　おじちゃん、おばちゃんたちのどんちゃん騒ぎの中、ひとりビールを飲みながらしばらく夢の中にいるかのような時間を過ごしてボクは龍泉荘を後にした。なにもかもが経験したことがない別世界だった龍泉荘の余韻に浸りたかったので、タクシーは呼ばず駅までの7キロほどの道を歩いてみた。山の麓をちょっと上がったところにある龍泉荘からの道は、当然ながらずっと下り坂だった。だいぶ歩いたところで後ろを振り返ってみると、龍泉荘があったあたりはすでに山間の景色に紛れて見えなくなっていた。そのあたりを見つめていると、いかにも龍泉荘が隠れ里の桃源郷のような場所に思えてきたものだった。世の中には、ああいう温泉があるんだなぁ。知らなかったよ。でも、思い起こせば、サイクリングや山登りなんかをしていると、民家のような建物に温泉の看板があったりして、こんなところに温泉があるの？　でも入るのちょっとためらわれるなぁ。なんて思ったことも少なからずあったっけなぁ。そういうところも龍泉荘みたいなところだったのかもしれない。ていうか、自分が知らないだけで、世の中には龍泉荘みたいな温泉がけっこうあるのかもしれない。そうだとしたら、かなり人生損していたよ。今度そういうの見つけたらかまわず入ってみようと、坂道を降りながら、ボクはすでに〝ひ

ここがウワサの、
どんちゃん騒ぎの現場。
写真撮っておけば
よかったなぁ……

なびた温泉沼〞に片足のつま先の先っぽを突っ込んでいたというわけだった。いや、ホント、ホント、人生損していたよなぁ！

静岡県 平山温泉「龍泉荘」
住所：静岡県静岡市葵区平山136-2
電話：054-266-2461
日帰り入浴：500円
泉質：単純硫黄泉

いや〜！
ひなびた温泉。
もっと早く出会って
いたかったよ！

今度は無人に驚き、ときめく

なぜなんだろう。ときとしてモノゴトは、いかにも意味ありげに運命的に、連鎖するように起きることがある。龍泉荘に出会ってこれまで知らなかった温泉の世界に足を踏み入れたボクは、まるで続編映画でも観るかのように、間を置かずに、またしても未知のタイプの温泉に出会ったのだから。どんな温泉かっていうと、今度は受付の人がいない無人の温泉。今でこそ、ボクが好んでいく温泉は無人率が高いから、当たり前の感覚になっちゃっているけれど、そのときはたまげたもんです。ええ？　人がいないって、どういうことなのよ？　マジ？　って感じで。

そのときもまた、コピーライターとして鹿児島に取材に来ていて、例のごとく取材をアテンドしてくれた人に教えてもらったわけだけど、今度は自分の方から聞いてみた。ここらへんに温泉とかありますか？　スーパー銭湯みたいなのじゃなくて、できれば地元の人たち御用達みたいな温泉とか。すると、ありますよ～、まさにそういう温泉が。と打てば響くように返ってきた。そうして教えてもらったのが、かつて霧島市にあった津曲（つまがり）温泉という共同浴場だった（2018年に閉館）。

そのとき、はじめて目にした津曲温泉のノホホンとした姿のことをボクは忘れるこ

入口の扉を開いてみたけれども、なんだか、ひと気がないんだけど？

とができない。肥薩線の日当山駅から3キロぐらいテクテクと歩いていくと、やがて青々とした田んぼの向こうにポツンと赤いペンキで温泉マークが描かれた素朴な小屋が見えた。うわぁ～い、温泉マーク付きの小屋！　こりゃあ、そそられるなぁ！　その光景は、まるで田んぼの向こうから、お～い、ここに温泉あるでよ～と手を振られているかのようだった。

もう、気分としてはそのまま田んぼをじゃぶじゃぶ突っ切って走っていきたいところだったけれども、はやるココロを抑えて田んぼを迂回して、津曲温泉にたどり着いたボクは、さらなるカルチャーショックを受けた。入浴料金を払おうとしたけど誰もいない。見るとアクリル製の透明の貯金箱みたいなのがあって、そこに入浴料金を入れるシステムのようだ。しかも料金は驚きの150円！　え、無人の温泉！　150円？　意味わからない！　大丈夫なのかよ、ここは！　長く東京暮らしをしていた自分にとって、こんな野菜の無人販売みたいな温泉は実にモノ珍しかった。ここ、よそ者が入ってもいいんだろうか？　でも地元の人が教えてくれたわけだしなぁ。と、なんだかよくわからない目に見えない圧を感じながら入っていくと、そこにはすっかりひなび切った激渋な浴室があった。

簡素な飾りっ気のないパイプのような湯口と雨樋みたいなもので源泉がダブルで投入され、湯船からは湯がザバザバとあふれていた。

ウホウホ！　源泉ダブル攻撃とは！　しかもこれは後から知ったことだけれども違う源泉がダブル投入でブレンドされているんですね。贅沢なことに。

よろこび勇んで入ってみると熱めの湯で、浸かったとたん熱さがキリッとくるけれど、そこから気持ちのいい浴感がじわ～っときた。いや、これ、何度でも書きたいな。じわ～っときた。じわ～っときた。じわ～っときた。じわ～っときた……。

なんていい湯なんだろう。それでも無人の温泉にまだ慣れていないから、いいんかなぁ？　こんな贅沢な湯を独り占めしちゃって。だって無人だよ、無人。誰もいないんだぜ。誰も見

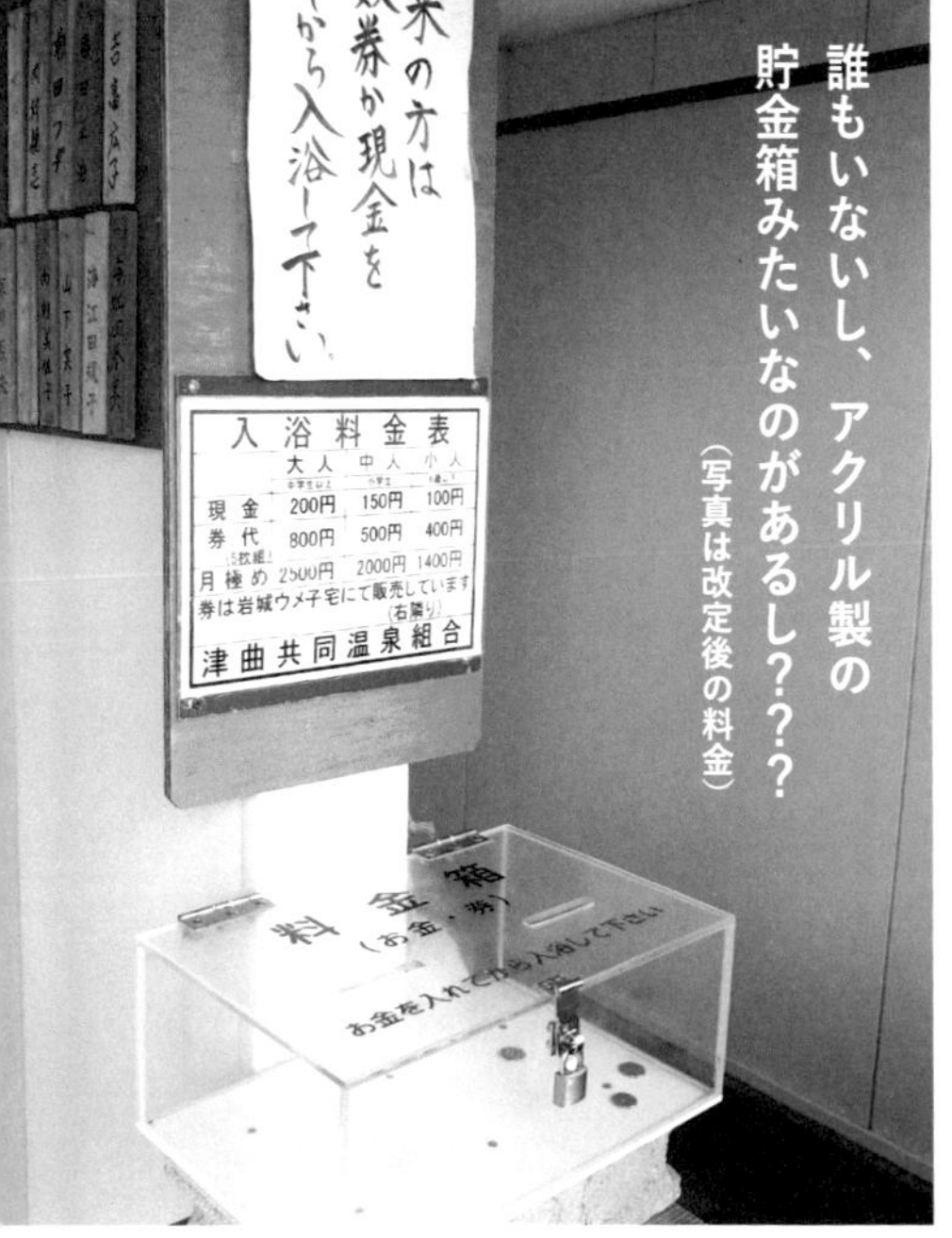

誰もいないし、アクリル製の貯金箱みたいなのがあるし？？？
（写真は改定後の料金）

ていないんだぜ。と、そんな、わけのわからん後ろめたさみたいなものと感動のごちゃ混ぜ状態で、ボクは津曲温泉の湯を堪能しまくったのである。

田んぼの真ん中に無人の極上温泉があるということ。こういうのも自分が知らなかっただけで、世の中にはたくさんあるのだろうか？　とモヤモヤと思いながら帰路に就いたわけだけど、田んぼの中にポツンとある温泉は珍しいが、無人の温泉ならばけっこうあるということを後になって知った（今は大好物になっている）。そして、そういう無人温泉はほぼハズれなく素晴らしい温泉だということも。なぜなのか？　それも今ならばわかる。温泉の掘削技術なんてなかった古い無人温泉はおうおうにして自噴泉だからだ。で、自噴泉は自ら湧き出してくるぐらいだから勢いがある。つまり湯量も豊富だということ。だから源泉の鮮度もいいし、贅沢な掛け流しができる。湯船だって、これ見よがしな大浴場ではなく、大人三人入ればいっぱいのようなこぢんまりとした湯船だから、鮮度抜群の源泉がすぐに入れ替わる。そして、そもそも無人温泉は人がわんさかとやってくるような温泉ではない。だからこそ無人でまかり通っている。つまり、湯船を独り占めできる独泉率も高いというわけだ。なんて素晴らしいんだろう。無人温泉って。で、ここでふたたび思うわけですよ。そんなビバ！　でブラボー！　な無人温泉を知らなかったなんて、おまえなぁ（あ、ボクのことですよ、念のため）、ボーっと生きてんじゃねぇ〜よ！

ていうか、これまでの温泉はなんだったんだよ？

それからというもの、ボクは自らそういう温泉を求めるようになってきた。すると、これまた人生、ミョーなもんで、なんの因果か、仕事で地方のクライアントが増えてきた。鹿児島県、熊本県、栃木県と……。あ、わかります？　なんと偶然、いずれも温泉の宝庫のような県ばかりなんですよ。なんという奇遇。なんというラッキー。そんなわけで、仕事で出張、すなわちそれはイコール温泉三昧の旅となった。熊本なんかは約二年間、二週間に一度通っていたんで、仕事の翌日は熊本の温泉のみならず九州新幹線を駆使して大分、鹿児島、宮崎、長崎と（なんせ九州自体が温泉天国ですから）温泉に入りまくった。

そうなるともう、プライベートの温泉旅もガラリと変わるというわけだ。旅行雑誌とかで行く温泉を探す。仲間とつるんで行く。旅館のメシなんかも事前にチェックしておく。温泉以外にも観光スポットをチェックしておく。そ〜いうスポットがいっぱいあればあるほどに、うんうん、完璧な旅行スケジュールじゃんと、ジコマンしながらほくそ笑む……等々。それらのことが、あたかもオセロの石が裏返ったかのように真逆になった。基本、ひとり旅。宿は素泊まりでメシは地元の飲み屋でその地のものを食う。る○ぶやまっ○るに載っているような温泉はガン無視。観光スポット？　知るかそんなもん！　目指すは、湯治場の温泉宿や地元の人に親しまれている共同浴場。あるいは、山間の農村にポツンと建つ、看板もろくに出ていない商売っ気まったくなしの地味な温泉宿とか、もしくは商売っ気どころか、営業しているとは思えないようなボロボロの温泉宿とか。そしてそれらの温泉は、ほぼ、ハズれなし。湯に浸かった瞬間、濁点入りの「あ〜」が出まくる。そんな湯ばかりだった。

ここまでくると、もう、思わずにはいられなかった。ていうか、これまでの温泉はなんだったんだよ！　と。

そりゃあ、これまでにも素晴らしい泉質の温泉に入ってこなかったわけではないけれど、なんていうか、ボクの場合、そういう素晴らしい温泉と一緒くたにして、スーパー銭湯の塩素消毒入りの循環湯とか、ビジネスホテルのホント、これ、温泉なの？　って感じの薄〜い温泉とかも、あ〜、やっぱ、温泉っていいよねぇ、日本人に生まれてよかった、よかった、ババンババンバンバン♪　なんていうふうに能天気にありがたがっていたのだから、いやはや、なんともお目出度いおポンチ野郎だったというわけだ。ったく、そんな温泉に１２００円とか１５００円とか払っていたんかい。あの無人温泉は１５０円。10分の1だぜ。しかも湯は身悶えするほど素晴らしいときてるんだから。あまりに違うじゃん！　と。

今にして思えば、龍泉荘と津曲温泉は〝前夜祭〟にすぎなかった。だってねぇ、そういう温泉に何気に目覚めたとたんに、なんの脈絡もなくいきなり温泉の宝庫のような県（そもそも、それまで東京以外のクライアントなんていなかったし、しかも3つもいきなりだからね）にクライアントができて通うようになったのだから。ましてや、のちに自分がそういう温泉にしか興味がない、かなり好みが偏った温泉本作家になるなんて想像すらしたことなかったわけで、運命のフシギみたいなものまで感じてしまう。きっとあれだな。いい温泉に出会って浮かれていた自分を神さまが見て、ちょっとからかってやろうって、ボクの運命をチョチョイといじったんだろうね。まぁ、ともかく、おかげさまでボクはそんなふうにして温泉沼にドボンとハマって、今やもう完全に沼落ちしてしまったというわけ。

じゃあ、なにが違うのか？

あまりに違うじゃん！　これまでの温泉ってなんだったの？と。それはなにが違うのか。あのころははっきりとはわからなかったけれども、今ならばわかる。ダバダ～♪　っとわかる。ひと言でいえば、ムリをしていないのだ。

ムリとはなにか。たとえばハコモノの温泉ホテルなんかによくあるじゃないですか。最上階の展望浴場っていうのが。開放的な大きな窓からの絶景を楽しみながら入浴をお楽しみくださ い、みたいなのが。そのホテルのいちばんのウリである自慢の展望大浴場。そう、ボクもかつてはそ～いう温泉に心を躍らせていた。浴場の扉を開けて、目に飛び込んでくる、おっきな湯船とパノラマチックな景色に、おお、すごいじゃん、大当たりだよ、ここは！　と、嬉々としながら仲間にいったりしてたものだった。

でも今だったら断言できる。口が裂けてもそんなことはいわない。

だってねぇ、ムリしてるところが多いんですよ、そ～いう温泉は。

どういうことかというと、いい温泉は絶妙なバランスの上に成り立つ。すなわち源泉の鮮度、そして湧き出す量と、それをためる湯船の大きさとのバランス。どんな大きな湯船でもたちまち満たしてしまう激流のようなスゴい湧出量なら、なんにも問題ない。ていうか、そんな温泉だったら大評判になるだろう。ボクもそんな温泉に一食抜いてもいいから入りたい、いやいや、もうこの際だから三食抜いたっていいっすよ。

でも、悲しいかな、最上階の大浴場の現実にはツラいものがある。世の中には最上階の大浴場の大きな湯船をしっかり満たす、素晴らしい源泉掛け流しの温泉というのがあるかもしれないけれど、たいていはそんなものはない。ろ過しながら使いまわす循環ろ過湯だったり、加水して水増しして湯船を満たしていたりと、まぁ、ムリもない。大浴場の広々とした湯船で源泉掛け流しができるなんて相当な湧出量じゃないとできないわけですからね。ましてや最上階。わざわざポンプで源泉を最上階にくみ上げて、タンクにためて、それを大浴場の湯船に満たす。でも、そんなことをするほどに源泉はピュアな浴感を失っていく。源泉は空気に触れると酸化してフレッシュな鮮度を失っていくわけだから、いわゆるくたびれた湯になっちゃうのですね。それはなにも最上階の大浴場だけに限らない。源泉の湧出量に釣りあわない大浴場もそうだし、同じく源泉の湧出量に釣りあわない大きな露天風呂だってそうなのだ。残念ながら、そ〜いうのが多いんだなぁ。

あ、でも、こうしてこの文章を書きながら思い出したんだけど、大分県の別府駅前に「ホテルはやし」っていうビジネスホテルがあって、これが駅前でスゴいオーラを放っているんです。も〜なんていうか幽霊ビルって感じに。きっと廃墟マニアならハートをわしづかみにされることうけあいなんですね。でも、もちろんまだ現役で営業していて、なんと、そのオンボロビジネスホテルの最上階に大浴場があって、そこが源泉掛け流しの温泉だったりする。しかも、ちゃんといい湯なんですよ。ま、でも大浴場っていうほどの大きな湯舟ではないけれども、ギリギリ大浴場かなって感じで、そこはご愛嬌かな。それはともかく、ちょっと泊まるのをためらっちゃうような幽霊ビルの（ボクはお気に入りの宿ですが）最上階の大浴場で、まさかの源泉掛け流し。これはなかなかの入浴体験になりますよ。オレは今、幽霊ビルの最上階で源泉掛け流しを楽しんでいるんだけどさぁ、ありえないだろ？　……と。まぁ、そうとうに老朽化しているので、気になった方は早めのご体験を。いつ無くなってもおかしくないですから。

ちょっと話は飛んじゃったけど、それもやっぱり、〝おんせん県〟の名を誇る大分県の中心地、源泉湧出量が豊富な別府だからこそ最上階の大浴場がフツーにできるというわけで、別府ならばそういうのはまったく問題ない。むしろ、駅前のオンボロビジネスホテルの最上階に源泉掛け流しの大浴場があるなんて、さすがは別府だ！　と驚き、別府のスゴさにあらためて感服するべきなのだ。

え〜、もう一度いわせてもらいます。いい温泉は絶妙なバランスの上に成り立つ。すなわち源泉の鮮度、そして湧き出す量と、それをためる湯船の大きさとのバランスである……と。

つまり、ボクに「これまでの温泉はなんだったの？」と思わせた温泉たちは、変にムリして大浴場にしたり、大きな露天風呂にしたり、最上階まで引っ張ったり、水で薄めて水増ししたり、と、そんなことはしていない。まぁ、その多くが地元の人のための共同浴場だったりするわけで、ウリとか「自慢の〜」とか、そ〜いうのとは、そもそも無縁なんですね。必要最小限の湯小屋があって、必要最小限の脱衣所があって、必要最小限の浴室があって、そして必要最小限の湯船がある。すべてが必要最小限。それでいて満ち足りている。これでいいじゃないか……と、なんだかささやかな幸せを教えもらっているような気にさえなってくる。ときには必要最小限の湯船に、必要以上に贅沢に源泉が掛け流しされたりしていて（いや、ホント、これ、マジっすか？　っていうほどにドバドバと……）、そんな心震えるような感動的な温泉。しかも誰もいないガランとした無人

の共同浴場で独泉できたりしちゃうのだ。こ、これは信じていいのかい？　って感じに。

共同浴場じゃない宿の場合だって、その多くが観光とは無縁の昔ながらの湯治の宿だったり鉱泉宿だったりするから、やっぱり同じようにムリをしていない。なにもかもが必要最小限に満ち足りている。そして、ときには、やはりそこでも必要最小限の湯船に、必要以上に贅沢に源泉が掛け流しされていたりして心をどよめかせるのである。

これまで、観光地的な温泉でも感動的な温泉はなかったわけではないけれども、そういう心のどよめきはなかったし、今でこそ確信をもっていえることとは、温泉の奥深い感動は観光地的じゃない温泉でこそ出会える。なんていうか、美食のグルメよりもB級グルメのほうが、人間的なうまさに出会えるように。

ん？　あれかな？
でも家にしか見えない。

ホームがあって線路があって、
川がある。ただ、それだけの駅。

闇へと降りていく螺旋階段その先に待っていたのは？

なにを情報源にその温泉を目指したのかは覚えていない。たぶん、コアな温泉マニアのブログとかだろう。間違っても旅行パンフレットとかではない。熊本県の日本三大急流河川のひとつでもある球磨川沿いに吉尾駅という無人駅がある。ホームがあって線路があって、その向こうには線路に沿うような感じで球磨川が流れている。ただそれだけでほかになにもない。おおお、ずいぶんスゴい駅で降りてしまったなぁ、と、思わずにはいられない。ちょっとした感動さえ覚えながら、しばしあたりを見まわし、歩き出す。球磨川に注ぎ込む小さな川を遡るようにして10分ぐらい歩くと川向こうに白い民家のような建物が見えてきた。あれだな。小さな確信とともに橋を渡ってそっちへと向かう。でもその小さな核心もだんだんと揺らいでくる。近づけば近づくほどにその建物が温泉施設には見えないし、その敷地の入り口には門柱が立っていて、そこにある表札には普通の民家と同じように住所と人の名前が書いてあった。これ、完全にどう見ても民家だろ？　だって表札に名前書いてあるんだから。不法侵入だろ？　もしこのまま入っていって、入り口の引き戸を開けて、そこで住人が出て来て「どちらさまですか？」なんていわれたら、「あ、あの〜、ここ、温泉じゃないんですか？」

**近づけば、近づくほど、
やっぱりひとんちじゃん！**

**門柱があって、表札があって……
完全にひとんちじゃん！**

「はぁ？　なんでうちが温泉なんですか？」

「あ、いや、その、あの〜……」

　いやだ。そんなマヌケ過ぎる展開は……。なんてことを考えているうちに、ついに入り口の前に立ってしまった。とくにインターホンや呼び鈴のようなものはない。目の前には、ただ、民家にしか見えない引き戸があるだけだ。どこにも温泉なんて書いてない。

　勇気を出して引き戸をガラリと開けてみた。んんん？　一見したところ民家ではない。目の前の奥まったところに小さな上がり框（かまち）があってまた引き戸がある。右側にはなぜだかごっつい鉄柵のようなのがある。よく見ると上がり框に小さなザルが置いてあって小銭が入っていた。おお！　無人温泉だ。ここでお金を払うんだな。少しホッとしながら入浴料金をカゴに入れて上がり框の奥の引き戸を開ける。ん？　鍵がかかっている？　え？　もしかして今日はやってないのか？　でも、それだったら普通、入り口に鍵がかかっているはずだし。え？　もしかして、ここを降りていくとか？　中に入ってわかったのだけれども、ごっつい鉄柵は地下に降りていく螺旋階段の手すりだった。螺旋階段っていっても普通に思い浮かべるようなおしゃれで優雅なものではない。工事現場の仮設にあるような無骨な鉄の螺旋階段である。それがポカンと開いた地下の闇へと続いているのだ。鍵のかかった引き戸と、闇へと降りていく螺旋階段。ほかに扉らしきものはない。入り口は開いていたから定休日じゃないっぽい。ていうことは、やっぱりこれを降りていくわけ？

　覚悟を決めて降りていく。目が慣れても暗い。螺旋階段は2周半ぐらいあった。なんせ心細くなるような暗さの中を降りていったものだから体感的にけっこう降りているように感じる。

このザルか！

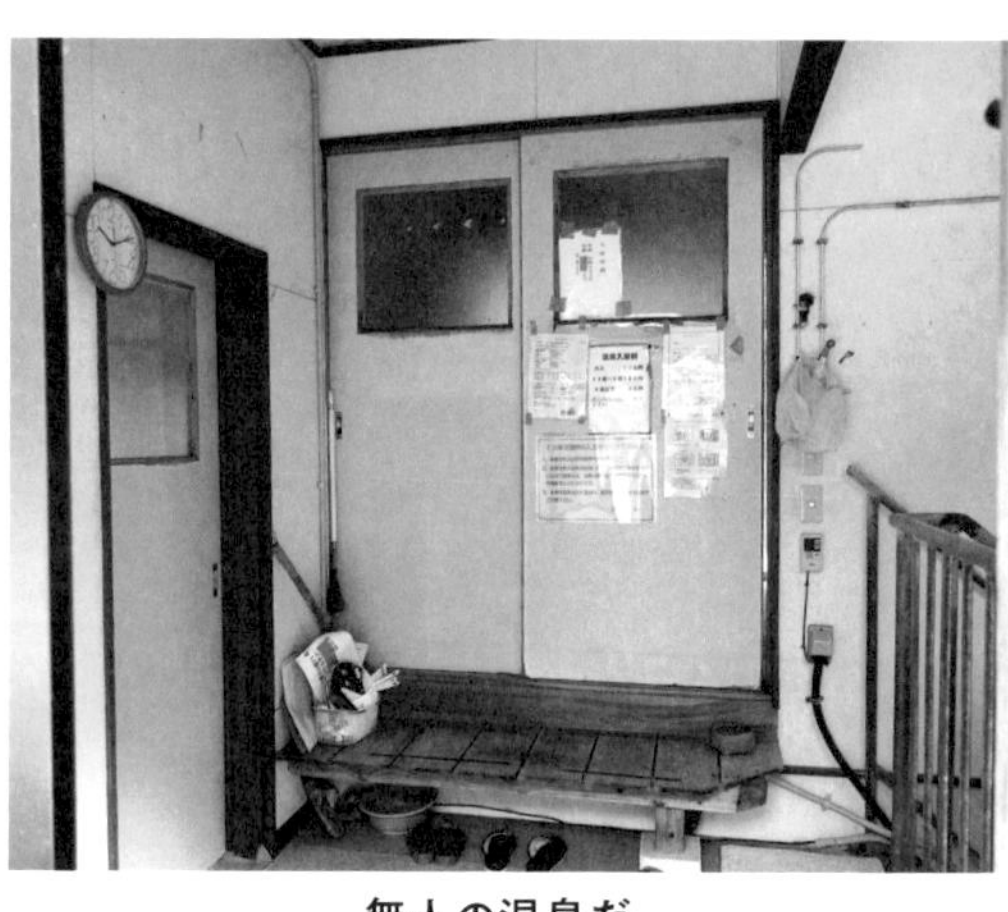

無人の温泉だ。
で、お金はどこに払えばいいのかな？

気分はもう、ギリシャ神話の、亡き妻を追って黄泉（よみ）の国へと降りていくオルフェウスだ。

地下へ降りたところに電気のスイッチがあった。え？　上につけろよ。とっさに思ったが、きっと上にもスイッチがあったのを自分が気がつかなかっただけだろう。そうだよなぁ。あんな暗闇を降りていくなんてありえないモンなぁ。とりあえずスイッチをつけてみたら目の前に壁があって、そこに味のある下手くそな文字で「↑男女↓」と書いてあった。ほほう、男湯はこっちね、と、そっちへいくと、ものすごく狭く簡素な脱衣所があった。その奥が浴室で、ヒョイと浴室を覗いてみようと思ったけれども、ここはあえて我慢。だって、もったいないもん。いやいや、ていうかそれよりも……。

そもそもなんなのよ、このケッタイな温泉は！

どこからどう見ても民家にしか見えない外観。ここは民家よ！　これ以上入ると不法侵入になるわよ！　（ていうか、なぜ急に女言葉？）っていわんばかりの門柱と表札。そして極めつきは闇へと降りていく不気味な鉄の螺旋階段……。

この温泉にたどり着く人といえば、ここに温泉があるとあらかじめ知っている人か、隠れ家を探している逃亡者ぐらいしかいないのではないだろうか。

おもしろすぎる。いったいなにがど～なればこんな温泉が出来上がるのか。想像すらつかない。興奮でココロが叫びそうになりながら、いそいそと脱衣して浴室へと入った瞬間、目に飛び込んできたのは、大人ふたりでいっぱいなぐらいのセメント造りの小さな湯船だった。ちっちゃ！

トイレか！

ここ降りていくの？
マジっすか！！！

ちっちゃ過ぎませんか？　いったいどこまで予測不可能な温泉なのか。もはや呆気にとられながらかけ湯をして湯船に浸かってみると、ものすごくピュアな浴感。湯船は一見、飾りっ気ない素朴な湯船だったけれども、湯に浸かりながら腰掛けるのにちょうどいい石の板が張ってあった。そしてよく見ると、その石板の下からプクプクと泡が湧き上がっていた。ん？　もしやこれは？　思わず二度見してしまった。見たところ源泉を投入している湯口はどこにもない。ということは……！　なんと、ここは湯船の底から源泉が湧く足元湧出湯なのである。つまり源泉が湧いているところに湯船をつくった温泉なのだ。いってみれば源泉が湧いているところに身を沈めるようなわけで、まったく空気に触れていない湧きたての温泉を楽しめるのである。温泉をもっとも贅沢に味わえるスタイルといえるだろう。全国にもそうたくさんあるものではない貴重な温泉なのだ。

そうか。つまりあの螺旋階段はそういうことだったのか。湯船を源泉が湧いているところにつくって、それにあわせて建物をつくったのだろう。だから、あんなふうに螺旋階段を降りていくというフシギなつくりになっていたんだ。素晴らし過ぎる。まさかの闇へと降りていく螺旋階段の下の極上温泉。もう、フツーじゃなさ過ぎて、どう感動していいのかわかんないぐらいだ。

しばしの間、ピュアな湯を五感総動員で堪能する。それにしてもなんだかフシギな感じだ。地下の窓もない空間だからだろうか。外の音が遮断された感じでとっても静かだ。そんな静まった空間に源泉が湧き出てくる音がコポッ、コポッと響いている。ぬるめの湯はピュアでたまらなく心地いい。誰もこない。なんていうか世界から切り離されたようなフシギな感じ。胎内で羊水に浸かっている状態はこんな感じ

湯船も、ちっちゃ！

小さな脱衣所。

なのではないだろうかとも思えてくる。コポッ、コポッ、コポッとなおも源泉の音が心地よく響いている。ああ、このまま自分も世界から切り離されてしまいたいなぁ……。

　と、これがボクが熊本県の吉尾温泉公衆浴場に出会った思い出である。ちなみにこの共同浴場は2020年の集中豪雨で被災して、リニューアルされて、あの工事現場の仮設にあるような無骨な鉄の螺旋階段が、今は緑と黄色のペンキで塗り替えられている。あの飾りっ気のカケラもない無骨さが味だったんだけどなぁと思う反面、なぜそこだけやけに派手でポップなの？　って感じで、それはそれでミョーな味がある。だって派手な緑と黄色だよ。でも、キライじゃないっすよ。その謎めいたセンス。

　さて、前の項で最上階の大浴場について、ずいぶんと好き勝手なコト、いわせてもらいましたけど、今度はその真逆の〝階段を降りていく温泉〟についていわせてもらいたい。いや、いわせてもらいたい、なんていうと、なんだかまた、文句ブーブーいうみたいだけど、そうじゃないんです。逆です。今度は思いっきりホメたいんです。それというのも階段を降りていく温泉っていうのは、たとえ吉尾温泉公衆浴場のように足元湧出湯とまでもいかなくても、おうおうにして期待しちゃっていい温泉だったりするからだ。なぜか。理由はシンプル。温泉をムリクリ最上階に引湯している大浴場とは逆で、建物のほうを温泉にあわせている。つまり階段をつくって源泉が湧いているほうへと降りていく温泉だから鮮度がいい。それに、だいたいそういう旅館は、温泉の掘削技術なんかなかった時代からあった古い旅館だったりすることが多いから、力強く湧き出る自噴泉である可能性が高い。それにそういう

蛇口も
いい味出してる。

鮮度抜群の湯！
まさかの足元湧出湯！！！

ちゃんと源泉の鮮度にこだわる温泉宿はやっぱり湯使いもいいんですね。ムダに大きな湯船にしない。源泉の湧出量に見あった大きさの湯船に源泉が掛け流されている。それに、そもそも階段を降りていくって、な〜んだかワクワクするじゃないですか。プチ探検感があるっていうか。たとえば栃木県は塩原温泉にある老舗の温泉旅館、明賀屋本館。ここの階段は実にシビれる。これでもかと降りていく階段の総段数はなんと88段！　ほとんどハシゴじゃん！　って感じの急な段があったり、休憩できるベンチが置いてあるゆるやかな段もあったり緩急のメリハリも楽しい。ひなび感もバッチリの木製の階段だ。それをエッチラエッチラと降りていくと混浴の露天風呂があって、見た瞬間、間違いなく「おお〜！」っと声が出ることうけあいの露天風呂なんですね。川沿いというか、ほぼ川と一体化したような露天風呂が４つある。

昔は入浴客が目の前の川に入って体をクールダウンしていたのだと聞くけれど、その気持ちよ〜くわかる。で、そんな露天風呂の湯船は、いかにも効きそうな鶯色の湯で満たされているのだ。長い長い階段を降りていって、そのゴールにこんな、思わず見惚れちゃうような温泉があるということ。これはもう、ひとつのココロときめく〝物語〟であるといいたい。

まぁ、そんなふうに階段を降りていく温泉は信用できる。期待しちゃっていい温泉なのだ。階段を降りていく温泉。それは、いい温泉のメルクマークと覚えておけば、ほぼ、間違いないですから。

熊本県「吉尾温泉公衆浴場」
住所：熊本県葦北郡
　　　芦北町吉尾24-3
電話：なし
日帰り入浴：200円
泉質：単純温泉

ビバ！ 地下に降りていく温泉！

一段一段、地下へと降りていくときのワクワク感。
「こういう温泉にハズレなし！」の期待感。ビバ！　ビバ！　ビバ！

唯一無二の大空間の足元湧出湯に、全身全霊でシビれよ！

岩手県 鉛温泉「藤三旅館／白猿の湯」

扉を開けるといきなり階段があって、脱衣所、洗い場、湯船が一体化した、大きな浴室空間が目の前に現れる。そんな空間のど真ん中に鎮座する楕円形の湯船。なんと深さ1.25m。立ったまま入る温泉なのだ。深いぶん、肌への浸透圧も高く、しかも、湯船の底の岩盤から温泉が湧き出す足元湧出湯。昔ながらの大空間に見惚れながら、大地の恵みを体全体でじかにじわじわ感じられるのが魅力。ヤバいっすねぇ〜。

住所：岩手県花巻市鉛中平75-1 / 電話：0198-25-2311 / 日帰り入浴：800円 / 一泊二食：8,100円〜 / 泉質：単純温泉

旅情ハンパない漁村の温泉街。密室感がグッとくる水色チックな空間で湯と旅情に酔いしれろ！

青森県 下風呂温泉「まるほん旅館」

本州最北端の温泉街、下風呂温泉。この地に着くと、たちまちハンパない旅情が心に押し寄せてきて「津軽海峡冬景色」が脳内で自動再生される。そんなナイスな温泉街のもっとも古い宿「まるほん旅館」の風呂は細くて狭い階段を降りていく。たぶん、プール用の耐水塗料が塗られているのだろう。水色のこぢんまりとした半地下空間。その真ん中に白濁した湯が満たされている。まるで温泉と一緒に密室に閉じ込められているようでたまらない。

住所：青森県下北郡風間浦村下風呂 113 / 電話：0175-36-2330 / 日帰り入浴：500 円（要事前電話連絡）/ 一泊二食：9,000 円〜 / 泉質：酸性・含硫黄－ナトリウム－塩化物・硫酸塩泉

全国屈指のボロビューティ宿ならではのホラーな通路を抜けていく怪談……あ、いや、階段をココロに刻み込め！

栃木県 那須湯本温泉「雲海閣」

泣く子も黙るホラーのような怖～い通路を抜けていくのだから、夜なんか怖さひとしおですよぉ～。でも、ご安心あれ。通路は光センサー付き。ホラーとハイテクのミスマッチ感にグッとくるはずだ。で、その先の階段を降りていくと、早くも硫黄の香りが漂ってくる。これぞ温泉って感じの硫黄の香りプンプンの白濁湯。そして、上がり湯にもちょうどいい、別源泉の明ばん泉もあったりするのだから、いや、至れり尽くせりですなぁ。

住所：栃木県那須郡那須町湯本33 / 電話：0287-76-2016 / 日帰り入浴：500円 / 素泊まり：5,000円～（自炊可）/ 泉質：酸性・含硫黄－カルシウム－硫酸塩・塩化物泉

まさにノーベル文学賞級の「階段を降りていく温泉」。その風格と美しさに見惚れまくれ！

静岡県 湯ケ野温泉「福田屋／榧風呂（かやぶろ）」

あの川端康成の代表作『伊豆の踊子』の舞台になった宿といえば話が早いのではないだろうか。ここの「榧風呂」の半地下空間が実に美しい。レトロな化粧タイルと石垣風に石が貼られた壁が、すり鉢状に広がっている。川端康成もこの美しい空間で、あのピュアで心洗われる小説「伊豆の踊子」を構想したんだなぁと思えば、納得。まさにノーベル文学賞級の「階段を降りていく温泉」なのだ。

住所：静岡県賀茂郡河津町湯ケ野 236 / 電話：0558-35-7201 / 日帰り入浴：990 円 / 一泊二食：12,750 円～ / 泉質：ナトリウム－カルシウム－硫酸塩泉

戦意喪失レベルの88段の木造階段もなんのその！　降りたその先の露天で川と一体化しまくれ！

栃木県 塩原温泉「明賀屋本館／川岸露天風呂」

これ、降りたぶん、また上がってこなければならないんだよねぇ……、と、ココロの中でボヤキながら木製の階段をどこまでも降りていく。しかし！　降りたその先で、そんな思いは吹き飛ぶことうけあいなのだから。川岸露天風呂。その名の通り、それこそ手を伸ばせば川に届いちゃうほどの川との距離感に露天風呂がある。昔は温泉のほてりを目の前の川に飛び込んで冷ましたなんて聞きます。わっかるなぁ、その気持ち。

住所：栃木県那須塩原市塩原 353 / 電話：0287-32-2831 / 日帰り入浴：なし / 一泊二食：8,800 円（弁当食）～ / 泉質：単純温泉、ナトリウム－塩化物泉

辿り着いたところは古い温泉街だ。
勇者のあなたよ。まずどーする？
どこへいく？　答えはひとつ。
迷わずにソコへと向かうのだ！

温泉地に着いたら、まずどうする？

目的の温泉街にやってきた。さて、まずは宿にチェックインしよう。荷物を置いて早く身軽になりたいからねぇ。で、チェックインを済ませて、部屋に案内してもらって、荷物を置いて身軽になった。さぁ、どうする？

まずは今夜の地酒とツマミの買い出しにいく
まずは宿の中を探検する
まずは宿の風呂にザブンと浸かる
まずは夜飲みにいく店のオススメを宿の人にヒアリングする
まずは冷えたビールで到着を祝う

いやいやいや、そんなことはあとでやればいいじゃないか。そこはやっぱりアレでしょう。共同浴場でしょう。その温泉街に共同浴場がひとつしかなかったら、迷わずそこに向かう。その温泉街に共同浴場がいくつかあったなら、迷わずいちばん古い共同浴場に向かう。

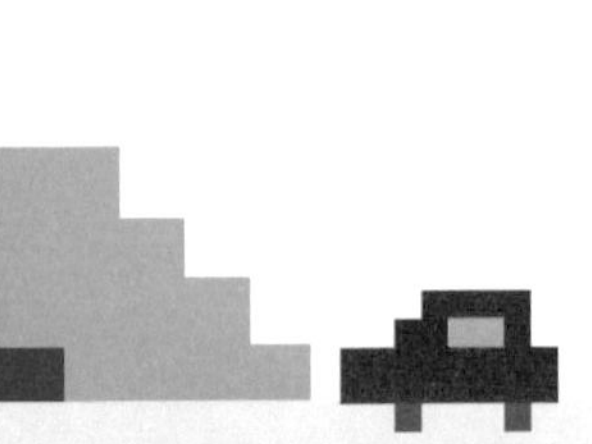

最近では観光者向けのコギレイな日帰り温泉施設とかもあるけれど、そーいうのは秒速でガン無視して、いかにも地元の人向けの地味で飾りっ気のない共同浴場へと、迷わず、ズンズンと向かおう。

そう、はじめての温泉街にやってきたなら……ジモの共同浴場を目指せ！　これはもう、もし、毒蛇に噛まれたら……急いで口で吸え！　に匹敵する鉄則だっていいたい。なぜか。それは、階段で降りていく温泉とおんなじように、古い共同浴場もまた、温泉の掘削技術なんかなかった時代からあったものだったりするから、力強く湧き出る自噴泉である可能性が高いし、繰り返していうけれど、簡素で飾りっ気がないながらも源泉投入量に見合ったムダのない湯船があって、昔からそこにあったわけだから、無理な引き湯はされてなく源泉からの距離も近い場合が多い。つまり湯の鮮度も素晴らしい。

まぁ、なんていうか温泉街の観光向けではない共同浴場って、その温泉街の究極のミニマリズム温泉なんだと思う。ミニマリズムっていうと、普通は、ファッションや建築とかアート、デザインの分野なんかで、「削ぎ落とした」とか「必要最小限の〜」とか「ムダのない」とか「シンプル」とか、そのテの意味で使われる言葉だったりするけど、ジモの共同浴場って、その温泉街のまさに〝素のままの温泉〟で、飾りっ気のない湯小屋にこれまた飾りっ気のない浴室や脱衣所があって、その浴室の真ん中には、もちろん飾りっ気のない飾りっ気なんかまったくないコンクリ造りのこぢんまりとした四角い湯船があって、洗い場もやっぱり必要最小限の簡素なもので、石鹸やシャンプー・リンスなんてものは置いてない場合が多く、しかしその素っ気ない湯船には、素晴らしい泉質の鮮度抜群の源泉が（もちろん、あのドッチラケするような塩素消毒なんかもない、源泉そのまんまの湯が）、惜しげもなくジャバジャバと掛け流しされていたりする。これでいいじゃないか、ほかになにもいらない、っていった感じの、ムダのないミニマルの極致をいったような温泉なんだから。

はじめての温泉街にやってきたなら……ジモの共同浴場を目指せ！　それは、たとえるならば、ほら、料理とかでも「最初はなにもつけないで食べてみてください」とかっていうじゃないですか。つまり、それですよ、それ。まずはジモの共同浴場で、その温泉街の温泉を〝なにもつけないで素のままで〟味わうっていうわけ。う〜ん、これは我ながら、ちょっと強引でもあるけれども、いいたとえをしちゃったかもしれないなぁ。

では、居心地はどうなのか？　そんな飾りっ気もなにもないところなんて、なんだかまったりとできなさそう……って？

いやいやいやいや、それがとても癒やされちゃうんですよ。確かに飾りっ気もなにもない。一見、とても癒やされる空間だなんて思えない。でもですねぇ、そんな飾りっ気もなにもないところに素晴らしい温泉が贅沢に掛け流されているんです。なにもない。でも、文句のつけようがない素晴らしい温泉がそこにある。逆に、ミニマルだからこそ、その贅沢性がジワジワと際立ってくるわけなんですよ。また、古めかしいといっても、こういうところは地元の人たちが交代でしっかり管理しているから、掃除も行き届いていて、古めかしくても清潔なんですね。そして、ジモの共同浴場って観光向けではないから、空いているんです。入浴する人も少ない。それはどういうことなのかというと、その素晴らしい温泉をあなたひとりでココロゆくまでひとりじめ、つまり独泉できちゃうわけなんです。素晴らしい温泉以外、なにもない空間。いや、そうじゃない。素晴らしい温泉とあなた以外、なにもない空間だ。誰にも気がねすることなく、誰にもジャマされることなく、今、目の前であなただけのために温泉が惜しげもなくジャバジャバと掛け流されているのだ。そこに好きなだけ浸かっていいのだから！　いや、これはホント、贅沢なことですよぉ。観光客向けの温泉施設なんかではまず体験できないですから。

あるいはまた、そんなふうに贅沢に独泉しているところに誰かが入ってくることもある。そういう場合、たいていは地元の人である。気おくれすることなく「こんにちは～」と挨拶してみよう。その地元の人も「どこから来たの？」って感じに話しかけてくれたりして、何気に会話がはじまる。まぁ、こぢんまりとした湯船だから、そういうほうが自然だったりする距離感なんですね。で、それはそれで楽しいひとときになるんですよ。その温泉のこととか、地元のおいしいお店とかを教えてくれたりして会話に花が咲くというわけ。地元の人が教えてくれることってガイドブックとかには載ってないですからねぇ。ああ、旅の楽しみって、こーいうのなんだよなぁ、と、しみじみ思えてくるし、よき旅の思い出になること間違いないですから。それに、地元の人に教えてもらったおいしいお店って、ほ～んとうまいっすからネ。

ジモの共同浴場っていえば、ボクにとっても、ひとつ忘れがたい共同浴場がある。湯宿（ゆじゅく）温泉の「松の湯」。湯宿温泉と聞いてもピンとこない人、けっこう多いんじゃないかと思う。なんせ時代から取り残されたようなジミでマイナーな温泉街なのだから。侘しいひなびた温泉をこよなく愛した、あのつげ義春のお気に入りの温泉街で、そんな彼が、彼の『ねじ式』と並ぶシュールな傑作『ゲンセンカン主人』の舞台に選んだ温泉街といえば、

三国街道を一本入った狭い通りに湯宿温泉はある。つげ義春が気に入ってたびたび訪れていたころとはすっかり変わってしまったが、夜になると往時の面影がそこここに、かすかに感じ取れる。

なんとなく納得してもらえるのではないだろうか。

三国街道といえば関東と越後をむすぶ街道として古くは参勤交代や行商人が行き交う重要な街道だった。湯宿温泉はそんな三国街道の宿場町として、かつては多くの宿が立ち並び栄えていたのだけれど、時代が下り、人々の移動手段も車や電車へと変わってからは衰退の一途をたどり、現在では4軒の温泉宿を残す寂れた温泉街となった。でも、この湯宿温泉、温泉マニアからすると隠れた穴場の温泉街といえるかもしれない。なぜならば、湯がいいから。かつては、あの真田信之が関ヶ原の戦いの後、わざわざ体を癒しにきたという湯でもある。そして共同浴場が4つもある。温泉宿が4軒しかないのに共同浴場が4つもあるというのは思えばバランス的に不自然だったりするけれども、これはもっと宿があったころの名残りでもある。

さて、そんな湯宿温泉の共同浴場は、鍵が開いていたら100円以上の寸志を払って入浴できるというシステムだったりして、運悪く鍵が開いてなかったら入れない。共同浴場は「小滝の湯」「窪湯」「竹の湯」「松の湯」。そのうち「松の湯」以外の3つは屋根がちょっとした数寄屋造りになっていたりして、観光客を意識しているようである。でも、湯宿温泉の宿のいずれかの宿泊客であれば共同浴場の鍵を貸してくれる。も、ただ、その鍵は「小滝の湯」「窪湯」「竹の湯」の共同の鍵だったりして、「松の湯」には入れない。実は「松の湯」の鍵は別にあって、泊まっている宿の人に「松の湯の鍵も貸してもらえますか」と頼めば貸してくれる。ただし、なにげに、え？　あそこに入るのって顔をしながら貸してくれる。それというのも「松の湯」だけは基本ジモ専用だったりするんですね。だからほかの3軒は数寄屋造りの屋根だけど、「松の湯」だけはコンクリ造りのそっけない湯小屋で、薄い緑色の外壁なので、一見、古くてボロいプレハブ小屋みたいに見える。いかにも、ここはアンタらがくるところじゃねーもんねーって感じで、まぁ、別に拒んでいるわけではないだろうけれども、観光客にはちょっと近寄りがたいものがある。場所も路地を入ったっていうよりは私有地の通路を入ったようなところにあって、間違いなく観光客がたどり着くところではない。

ボクがはじめて「松の湯」をおとずれたのは夕方6時を少しまわったころだった。普通だったら居酒屋やスナックの明かりが灯りはじめる時間だったけれども、なんせ、湯宿温泉には、そんな気の利いたものは1軒もなく、温泉街のメインストリートはすっかり暗くなってひっそりと静まり返っていた。その私有地の通路のような路地の入り口をやっとこさ見つけて、たどり着いた「松の湯」は中が真っ暗で扉には南京錠がかかっていた。

南京錠を開けて入るのか！　なぜかテンションが上がる。カチッと南京錠を開錠して、扉を開けて中へ入ると真っ暗で、スマホの懐中電灯で照らしてスイッチらしきものを探してみたけれども、それらしきものがない。いや、ないなんてありえないでしょう、と、なおも探してみたけれども、ないものはない。えええ？　どーいうことなの？　もしかして外にあるのかなと思って、外に出て探してみてもそれらしきものがない。う〜ん、どーしたものかと、プレハブ小屋みたいな湯小屋を見つめているうちに、そのプレハブ小屋然とした簡素な外観がヒントになった。もしかして、ブレー

カー？　入り口の右上に剥き出しのブレーカーがあったから（そうそう、プレハブ小屋によくあるパターン）、それをカチッと上げてみたら湯小屋の中が明るくなった。なんと、まさかのブレーカーがスイッチだった。またひとつテンションが上がった。

中へ入ると脱衣所と浴室が一体化したこれまた簡素な空間があった。ほかの3つの共同浴場とはあきらかにノリが違う。薄暗いその空間は時間が昭和で止まっている。かつてつげ義春がこの湯宿温泉を訪れて、そのあまりの侘しさに一目惚れしたのはかれこれ55年も前のこと。半世紀以上前の、日本列島が目まぐるしく変わっていった高度経済成長期の真っ只中のころ。あまりに昔すぎる。湯宿温泉が時代から取り残されたようなとはいっても、当時の宿はすべてリニューアルされていていわゆるつげワールドチックなものは今は残っていない。いや、残っていないと思っていたけれど、こんなところにそれが残っていた。なんていうか、迷い込んでやってきたところが湯宿温泉のディープな最深部だったっていうような不思議な感覚……。ここでテンションがマックスに達した。

「松の湯」の湯船はなんだか不自然に小さかった。大人がふたり入れば、めいっぱいって感じだった。そんな湯船が男湯と女湯を隔てた壁際で、薄暗い灯りに照らされてボォ～っと浮かび上がるようにポツンとある。飾りっ気どころか壁にはモップやデッキブラシが無造作に吊るされている。ところどころ塗装が剥げたボロ空間。でも、掃除がいき届いているので清潔さは保たれている。ていうか、ボロビューティの味わいが大いにある。薄っぺらなラグジュアリー温泉なんぞありがたがっているヤツなんかには、このシブい味わいは一生かけてもわかんないだろうなぁ。さっそくかけ湯をして湯に浸かると熱い。いや、熱いなんてもんじゃない。罰ゲーム並みに熱い。湯宿温泉の湯はどこも熱めなので、熱いだろうなとはわかっていたけれど、ここはレベルがひとつ

一見、プレハブみたいな湯小屋。明らかに共同浴場とは違った感じ。昔はきっとみんなこんな感じだったのだろう。

湯宿温泉のディープな最深部。

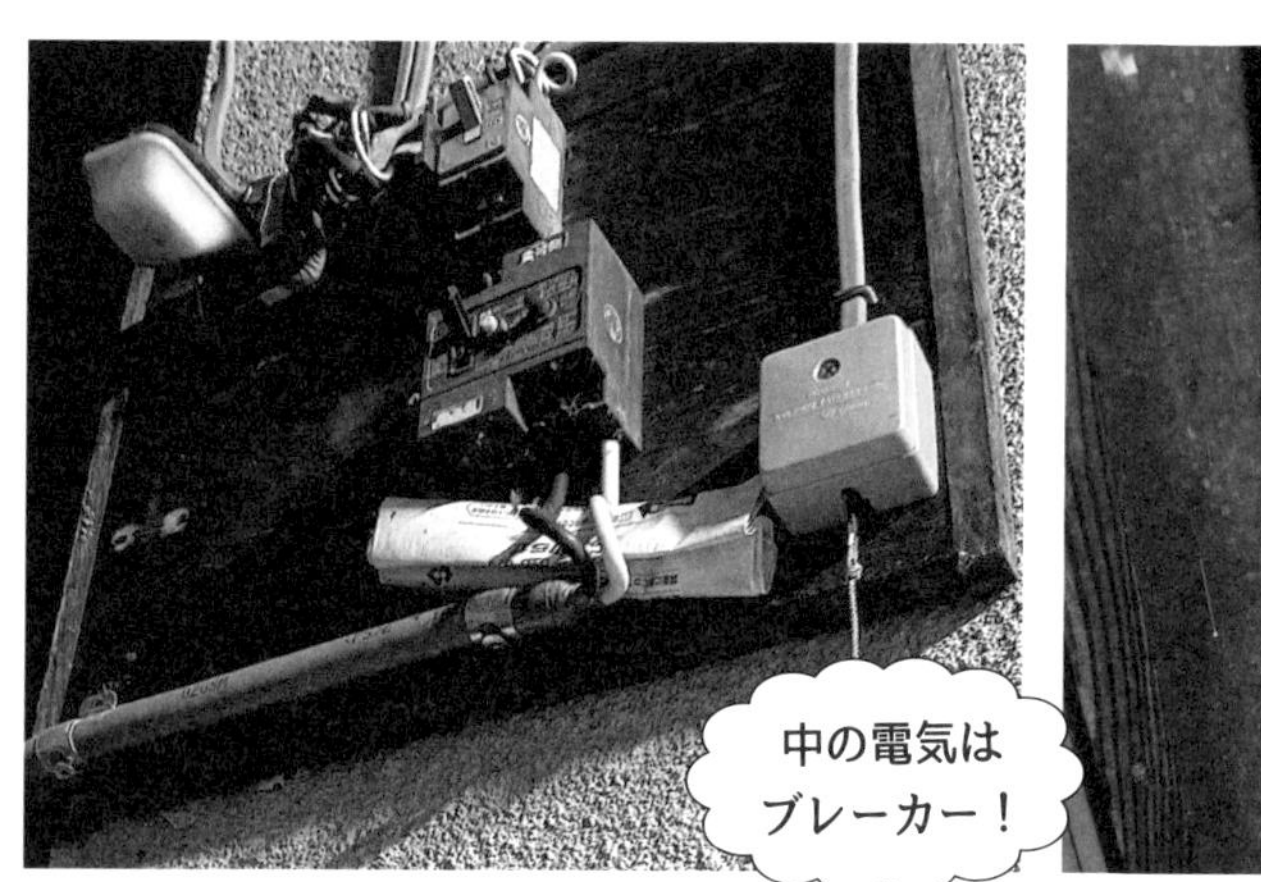

電気のスイッチはどこだろうと探して、もしやと思って外に出る。ブレーカーを恐る恐る上げてみたら、おお、電気がついた！

鍵がまさかの南京錠であることにハッとする。パンクロックだねぇ、と、テンションが上がる！

違っていた。でも、浸かっているうちにその熱さもビシッとくる気持ちのいい浴感となり、皮膚を通してジワジワとカラダの奥へと〝なんだかいいもん〟が浸透していくのがわかる。湯は無色透明。かすかに鼻先に香るタマゴ臭がとてもいい。そのときは知らなかったけれども、後から調べてわかったのは、この「松の湯」は湯宿温泉でいちばんポピュラーな窪湯源泉が投入されていて、普通はタンクに一度集められてろ過された源泉が旅館や共同浴場に配湯されているのだけれども、ここ「松の湯」だけは直接源泉が投入されている。だからひときわ湯がいいのだ。

いやぁ〜、いい湯じゃないですかと、ひとり独泉状態で湯を堪能していたら、おじいちゃんが入ってきた。まずは、こんばんは。と、挨拶を。おじいちゃんも軽い笑顔でこんばんはと返してくれた。おじいちゃんもかけ湯をザババーッとして湯船に、イン。そしてボクのほうを見て、いい湯でしょ？　と自然と会話がはじまる。小さい湯船だからむしろ無言のほうが不自然だった。聞けばおじいちゃんはすぐ近所に住んでいて、物心ついたころからこの「松の湯」の湯に浸かっているのだという。昔は家に風呂はなかったけれども、今はある。でも、ここの湯が大好きだから毎晩浸かりにきているのだと。子供のころはこの「松の湯」は混浴で、隔てる壁もなくひとつの空間だったのだと。だから今でもこんなふうに湯船の中でつながっているの

知る人ぞ知る松の湯。そこは、

罰ゲーム並みの熱い湯。ぐっとこらえながら湯に身を沈めるとじわじわと効いてくる。これはいい湯だ。いや、ホント、湯宿温泉の中のいちばんの湯は間違いなくここだろう。

激渋な共同浴場は数多くあれど、ここはなにかがひと味違う。ここぞが湯宿温泉のディープな最深部。そんな思いに不意にかられた。

だと。なるほど、いわれてみれば確かに湯船の中で男湯と女湯がつながっている。そっか。そっか。不自然なほどに湯船が小さく感じたのは、もともとはつながったひとつの湯船だったからなんだなぁ、と納得。熱くないんですか？ と、聞くと、笑いながら、熱いもなにもガキのころから入っているんだからこれが普通だよ、と。

もう、20年ぐらい前のこと。それから何度か湯宿温泉の「松の湯」の湯に浸かったものだけれど、いつも独泉で、ふたたびあのおじいちゃんと鉢合わせすることはなかった。今では湯宿温泉の、とりわけ「松の湯」の湯は、〝玄人好みの名湯〟であると、ボクのカラダの記憶にしっかりとインプットされている。

たどり着いたそこは、
激渋ディープな最深部。
染みるなぁ〜〜〜。

群馬県 湯宿温泉「松の湯」
住所：群馬県利根郡みなかみ町湯宿温泉
電話：なし
日帰り入浴：100円
泉質：ナトリウム・カルシウム−硫酸塩泉

行かなきゃソンだよ！
ジモの共同浴場

スーパー銭湯の温泉しか知らない人は、きっと共同浴場の湯に浸かったらびっくりしちゃうんじゃないだろうか。だって、湯のレベルがぜんぜん違いますから。ジモの共同浴場の湯に浸かるというのは、たとえてみるならば酒蔵に行ってしぼりたての生酒をいただくみたいなものなのかもしれない。有名な温泉街に行っても、多くのホテルや旅館の湯は循環利用の塩素消毒の湯だったりすることは珍しいことではない。でも、ジモの共同浴場は源泉掛け流しだったりすることが多い。まさにその地のホンモノの温泉というわけだ。

路地の奥というジモなロケーションに思わずシビレる！

長野県 鹿教湯(かけゆ)温泉「町・高梨共同浴場」

通りには看板などいっさいなく、路地の奥にひっそりとある、まさに“ジモな共同浴場の鏡的”なロケーション。タイル張りのシンプルな湯船。温泉の析出物で味わい深く“お化粧”したライオンさんの口から惜しげもなくジャバジャバと掛け流しされている。鮮度のいい湯はほのかな石膏臭とタマゴ臭。浴感さっぱり。なにからなにまで、これぞ共同浴場だ！

住所：長野県上田市西内885-1 / 電話：0268-44-2331（鹿教湯温泉観光協会・旅館組合）/ 入浴料：200円 / 泉質：単純温泉

静岡県 熱海温泉「山田湯」

熱海でたったの300円で源泉掛け流しの湯に入れる貴重な温泉が、ここ、山田湯だ。源泉温度が高く加水されているが、それを湯の鮮度のよさがじゅうぶんにカバーしている。床、腰壁、湯船がタイル張りのレトロな浴室。壁には水車越しの富士山を描いたドット画のようなかわいいタイル絵が。熱海らしい塩分濃度の濃い湯で浴感ビシッと熱いながらもさっぱり。体が芯まで温まる。なかなか汗がひかない、これまた共同浴場らしい湯だ。

住所：静岡県熱海市和田町3-9 / 電話：0557-81-9635 / 入浴料：300円 / 泉質：ナトリウム・カルシウム－塩化物・硫酸塩泉

あの熱海で300円で入浴できる、レトロでキュートな共同浴場！

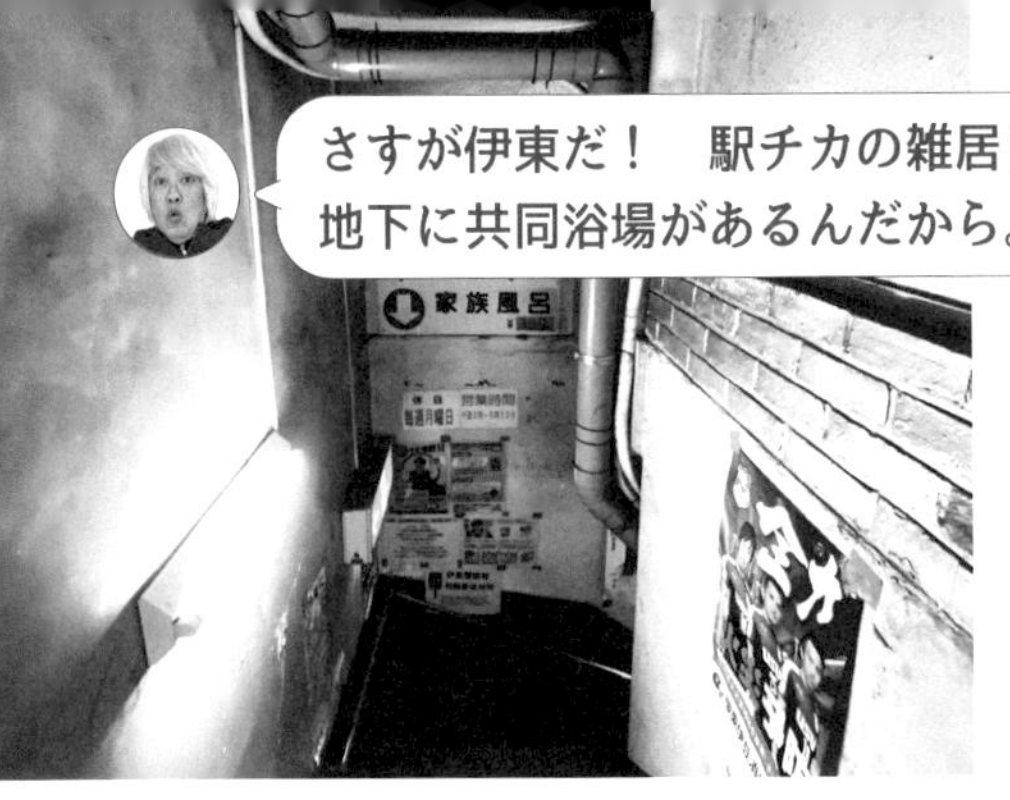

静岡県 伊東温泉「子持湯（湯川第一浴場）」

割れた看板と地下へと続く薄暗い階段。温泉っていうよりは古い雀荘でもありそうな雰囲気だ。でも、あるんだなぁ。しかも100%源泉掛け流しの湯が！なんせ伊東ですから、湯がいいのは当たり前。しかも湯船の底から源泉が投入されているので鮮度抜群。たまんないなぁ。

住所：静岡県伊東市湯川1-16-10 / 電話：0557-36-3211 / 入浴料：250円 / 泉質：単純温泉

外観も浴室もシビレまくることうけあい！全国屈指の激渋共同浴場！

大分県「市の原（いちはる）共同温泉」

「おたふくわた」のレトロなホーロー看板が目立つ、いかにも小屋って感じの湯小屋。中は、別府ではおなじみの脱衣所と浴室が一体化した空間。石造りの湯船には無色透明の湯。浸かってみると別府らしいさっぱりとした浴感。いいねぇ、別府だねぇ。ここはいかにもジモ湯。湯に浸かると同時に地元密着感にもどっぷりと浸かろう。

住所：大分県別府市新別府7組-2 / 電話：なし / 入浴料：200円 / 泉質：単純温泉

とろとろ温泉街の中のいちばん古い公衆浴場だよ。

熊本県 植木温泉「公衆浴場松の湯」

創業明治31年の植木温泉でもっとも古い浴場。さて、植木温泉といえば化粧水のようなとろとろ湯が評判だったりするけど、ここはそんなとろとろ湯がたったの200円で堪能できちゃう。湯船はふたつあって加水の掛け流しと、循環式。気持ちいい浴感とほのかな硫黄の香りが鼻をくすぐってそれがまたいいんだなぁ。

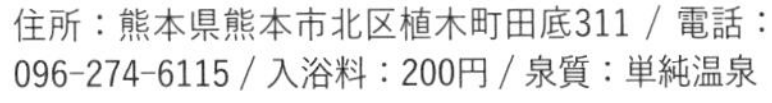

住所：熊本県熊本市北区植木町田底311 / 電話：096-274-6115 / 入浴料：200円 / 泉質：単純温泉

穴場感、めっけもん感ハンパない、タイル萌えする浴室空間もたまらない！

鹿児島県 市比野（いちひの）温泉「元湯 丸山温泉」

江戸時代から湯治場として賑わった市比野温泉。ここの湯もアルカリ系のとろとろ湯で浴感が気持ちいい。そんな歴史ある市比野温泉で元湯を名乗る「元湯 丸山温泉」。さぞかし古い浴場と思いきや、今から約70年前に突然、田んぼのわきに自噴したそうなんですね。ここだけのじか源泉が100%掛け流しで楽しめる。

住所：鹿児島県薩摩川内市樋脇町市比野2295-6 / 電話：0996-38-1589 / 入浴料：200円 / 泉質：単純温泉

温泉分析書がチンプンカンプンだというあなたへ

さてさて、ここまで、ムリをしていない温泉だとか、地下に降りていく温泉だとか、ジモの共同浴場だとか、そんな温泉の話を通して「いい温泉」についての話をしてきたわけだけど、そろそろアレの話をしなければですね。なんだかムズカシそーな温泉の分類だとか泉質のことなんかを。

温泉とは「水源」「熱源」「成分」の3つから成るもので、温泉とはその無限の掛け合わせにほかならない。と、先にボクはいったけれども、その無限の掛け合わせは環境省によって分類されている。そもそもなにをもってそれを温泉というのか？と、そんな、そもそも論的な定義から、その源泉に含まれている成分はもとより、pH値などその他の尺度に基づく分類まで、環境省によって定められている。まぁ、そういうところをちゃんと定めておかないと、温泉じゃない、たんなる水を沸かして温泉だとウソをつく宿なんかが出てきたりするし（実際、これまでに、そーいうケシカラン宿が世の中を騒がせてきた事件が、いっぱいあったりしたわけで……）、また、その温泉がちゃんとした温泉なのかわかるモノも必要なわけで、そうしたことから環境省では温泉法という法律によって、10年ごとに温泉の分析をしてその分析内容を施設内の目立つところに掲示することが義務付けられている。ほら、脱衣所とかによく貼ってありますよね。温泉分析書が掲示されたパネルが。そう、アレのことです。

まぁ、いってみれば温泉分析書とは、その温泉のプロフィールみたいなものなんだけど、ところでみなさん、アレ、ちゃんと読んだことあります？ え？ なにげに読もうとしたけれどチンプンカンプンだったって？ わかります。チンプンカンプン。それ、フツーですから、ご安心あれ。

環境省によるならば温泉分析書は「衛生上の観点や温泉利用者の温泉への信頼の確保の観点から、温泉利用事業者に対して温泉成分の定期的な分析、その結果に基づく掲示内容の更新が義務づけられました」とのことなのだけど、それならチンプンカンプンなもん掲示してどんな意味があるんだよ！ って、ツッコまずにはいられない。ったく、お役所シゴトって、いっつもこれだから、やんなっちゃうんだよなぁ、と。

温泉分析書の内容は80ページにあるように、

1. 分析申請者
2. 源泉名及び湧出地
3. 湧出地における調査及び試験成績
4. 試験室における試験成績
5. 試料1kg中の成分・分量及び組成
6. 泉質
7. 禁忌症、適応症等

等が記載されている。

でも、世の中にはあのチンプンカンプンな温泉分析書を読むことを楽しみとしているツワモノの温泉マニアもいたりして、たしかにあの温泉分析書からはいろんなことが読み取れる。まぁ、本書も「温泉入門講座」ってうたっているわけだし、ここはひとつ、あのチンプンカンプンな温泉分析書の「ま、ここを読んでおけば、とりあえずはいいんじゃね?」的な読み方を紹介させていただきたい。

というわけで、まずはアレにはいったいなにが書かれているのか。

これを真剣モードでしっかり読み込むといろんなことがわかるのだけど、たとえば5の「試料1kg中の成分・分量及び組成」を読み込んでいくと、泉質名だけではわからない、いわば隠された湯の特徴や効能とかが、いろいろとわかる。ただ、かなりマニアックになるので、ここではそこまで立ち入らない。まぁ、ネットとかで調べればそういうマニアックな読み方とかも出てくると思うので、ご興味ある方はググってみてください。

え〜、まず見たいのが6番目の「泉質」。これを見ればまずはざっくり湯のイメージがつかめますものね(83ページに泉質の特徴をカンタンにまとめたので、ぜひご参照を)。

で、次は2の「湧出地」。ようは源泉が湧き出ている場所ですね。これが近いか遠いかで源泉の鮮度が予想できる。もしそれがその施設と同じ住所なら敷地内に湧いてるわけなので期待大というわけ。

それから3の「泉温」。これは源泉が分析のために採取されたときの源泉温度。これが低いと加温されていることが予想できる。逆に高温ならば加水されている可能性もある。ただし加水しないで温度を下げる場合もあるのであくまでも目安と考えましょう。

次に同じ3の「湧出量」。ここに1分あたりどれだけの源泉が湧き出ているかが書かれています。源泉掛け流しに必要な湧出量はだいたい1分間に60リットルといわれているので、この数値が大きいほどドバドバ掛け流しが期待できる。ただし湯船

温 泉 分 析 書

1．分析申請者　　住所　○○県○○市○○町○○番地
氏名　○山○男

2．源泉名及び湧出地　　源泉名　○○温泉○号泉
湧出地　○○県○○市○○町○○番地

3．湧出地における調査及び試験成績
（イ）調査及び試験者　　○○○○研究所試験センター　○川○郎
（ロ）調査及び試験年月日　　○○年○○月○○日
（ハ）泉温　　42.7℃（気温13℃）
（ニ）湧出量　　84　L／分（自然湧出）
（ホ）知覚的試験　　無色澄明無味無臭
（ヘ）pH値　　8.2（ガラス電極法）
（ト）ラドン（Ｒｎ）

4．試験室における試験成績
（イ）試験者　　○○○○研究所試験センター　○川○郎
（ロ）分析終了年月日　　○○年○○月○○日
（ハ）知覚的試験　　無色澄明無味無臭
（ニ）密度　　0.9994　g/㎤（20℃/4℃）
（ホ）pH値　　8.51（ガラス電極法）
（ヘ）蒸発残留物　　1.32 g/kg（110℃）

5．試料１kg中の成分・分量及び組成

（イ）陽イオン

成　分	ﾐﾘｸﾞﾗﾑ (mg)	ﾐﾘﾊﾞﾙ (mval)	ﾐﾘﾊﾞﾙ% (mval%)
ナトリウムイオン（Na^{+}）	95.5	4.15	22.88
カリウムイオン（K^{+}）	3.42	0.09	0.48
マグネシウムイオン（Mg^{2+}）	0.20	0.02	0.09
カルシウムイオン（Ca^{2+}）	278	13.90	76.55
鉄（Ⅱ）イオン（Fe^{2+}）	<0.01	0.00	0.00
マンガンイオン（Mn^{2+}）	0.10	0.00	0.00
アルミニウムイオン（Al^{3+}）	<0.05	0.00	0.00
陽イオン計	377	18.2	100

（ロ）陰イオン

成　分	ﾐﾘｸﾞﾗﾑ (mg)	ﾐﾘﾊﾞﾙ (mval)	ﾐﾘﾊﾞﾙ% (mval%)
ふっ化物イオン（F^{-}）	0.7	0.04	0.21
塩化物イオン（Cl^{-}）	113	3.19	17.67
硫酸イオン（SO_4^{2-}）	699	14.6	80.74
炭酸水素イオン（HCO_3^{-}）	15.3	0.25	1.38
陰イオン計	828	18.1	100

（ハ）遊離成分

非解離成分	ﾐﾘｸﾞﾗﾑ (mg)	ﾐﾘﾓﾙ (mmol)
メタケイ酸（H_2SiO_3）	40.1	0.51
メタホウ酸（HBO_2）	5.1	0.12
非解離成分計	45.2	0.63

溶存ガス成分	ﾐﾘｸﾞﾗﾑ (mg)	ﾐﾘﾓﾙ (mmol)
遊離二酸化炭素（CO_2）	0.0	0.00
遊離硫化水素（H_2S）	0.0	0.00
溶存ガス成分計	0.0	0.00

溶存物質計（ガス性のものを除く）　1.25 g/kg　　成分総計　1.25 g/kg

（ニ）その他微量成分　（mg）

総ひ素　0.13
銅イオン　検出せず。（0.002未満）
鉛イオン　検出せず。（0.005未満）
総水銀　検出せず。（0.0005未満）

6．泉質
カルシウム・ナトリウム－硫酸塩温泉（弱アルカリ性・低張性・高温泉）

7．禁忌症、適応症等は別表による。

○○年○○月○○日

登録番号　○○○第○号
○○県○○市○○町○○番地
○○○○研究所試験センター　所長　○川○康

※温泉分析書には統一された形式がないので、あくまでも一例です。

源泉が湧いている
場所までの距離を
チェック！
近いほどいいよ。

湧出量はどれくらい？
多ければ、
ドバドバ掛け流しが
期待できる。

pH値で酸性か
アルカリ性かわかる。
pH9超えは、
トロトロ湯かも！

温泉成分の濃さは
ここをチェック！

まずはここ！
泉質を見よう！

の大きさや数で変わってくる相対的なものだから、これもあくまでも目安。100リットル超えで期待大。ちなみに驚異のドバドバ掛け流しで有名な青森県の古遠部温泉は、1分間あたり、なんと478リットルだったりする。ブラボー！

で、次はやはり同じ3の「pH値」を見てみよう。pH値はその液体が酸性なのかアルカリ性なのかを示している。中学の理科で習いましたよね。7が真ん中の値で、それ以下なら酸性。それ以上ならアルカリ性。強酸性で有名な草津温泉はpH2・1。日本一の強酸性湯で名高い秋田県の玉川温泉はpH1・2！あの酸っぱいレモンがpH2・7ですから、ヤッバいです、玉川温泉。逆にpHが9超えると、トロトロ浴感の化粧水のような美肌の湯が期待できる。女性は、ここ、注目ですね。って感じだけど、いやいや、おっさんだって化粧水のようなトロトロ浴感、大好きですからねぇ、pH9超、おっさんも要チェックです。

さて、5の「試料1kg中の成分・分量及び組成」。なんやら表組みになっていて、これがパッと見からして、近寄りがたくチンプンカンプンだったりします。ここを読み込めれば上級者なのですが、ここはヒョイっと飛ばして表組みの下の「溶存物質計」にご注目。ここに「成分総計」っていうのがありますねぇ。ハイ、これはその源泉の1キログラム中にどのくらい温泉成分が含まれているかが書かれている。つまり温泉の濃度がわかるというわけ。この成分総量が1000mg／kg以上だと療養泉というわけで、この濃度は8g／kg未満は「低張性」、8g〜10g／kg未満は「等張性」、10g以上は「高張性」と分類されている。あ、こうやってズラズラ並べて書くとムズカシそうになってくるけど、ご安心ください。カンタンに済ませますから。ざっくりいうと等張性が人の細胞液の濃度と同じぐらいで、これより低い低張性の湯の場合は皮膚から水分が浸透しやすく、逆にこれより高い高張性の湯の場合は皮膚から成分が浸透しやすい。濃い成分の温泉は体に効くけれど、湯あたりもしやすくなるので、等張性以上の濃い成分の温泉は、あんまり長湯をしないでクールダウンを交えながら休み休み湯に浸かったほうがいいというわけですね。ちなみに松之山温泉はなんと16g！　さすがは日本三大薬湯！　さすがは1200万年前の化石海水の湯！　ぶったまげていますねぇ～。

と、こんな感じに、それなりにわかるわけです。

でも、やっぱあのとっつきにくい温泉分析書、なんとかならないもんですかねぇ。

大分県の別府温泉で湯めぐりした人なら見たことあるんじゃないかって思うけど、大分県別府市の「別府八湯温泉品質保証協会」では各温泉施設で「温泉カルテ」というものを表示しているんですね。これが、さっすがはおんせん県大分県の温泉のメッカ別府！　って感じでとってもナイスだったりする。

その温泉カルテにはどんなことが載っているのかというと、まず、その湯が循環湯なのか、加温しているのか、加水しているのか、入浴剤や殺菌剤を投入しているのか、自家源泉なのか、つまり湯使いについて表記されているわけです。これだけでも素晴らしいでしょ？　まずは知りたいことですからね。で、それだけではなく次には「お湯の感覚評価」っていうのがあって、ツルツル感だとか、泡付きだとか、香りだとか、レア度だとか、さらには浴感と成分の短くてわかりやすい解説まで書いてある。ほら、よくこだわりの酒屋とかにいくと、日本酒とかで辛口なのか甘口なのかわかりやすいシンプルなグラフで表示されていたり、味わいが「淡麗」だとか「ずっしり」だとか「フルーティ」だとかが記された表示があったりするじゃないですか。つまりあれのもっと詳しいことを温泉でやっているようなものなわけですよ。いちばん知りたいことが頭に入りやすく整理されて書いてある。

そしてさらには浴槽の湯と湧出時の源泉との成分比較まである。つまりこれで湯使いによって湯が変化しているのかまでわかるというわけ。そしてもちろん神経痛に効くとか疲労回復に効くとか、そういう効能とかもちゃんと表記されている。まさに利用者ファーストな掲示なんですよ。

今の温泉分析書は、いかにいろいろ書いてあっても、それは浴槽の湯の情報ではないんですね。源泉が採取された時の情報でしかない。せっかくの素晴らしい源泉も、湯使い次第。加水や循環、塩素消毒なんかで台無しになっちゃうわけなんだから。いわば湯使いのあまりよろしくないところの温泉分析書って、利用者にはまったくのナンセンス。環境省によるところの「衛

泉質とその特徴は？

単純温泉

温泉水1kg中の溶存物質量(ガス性のものを除く)が1,000mg未満で、湧出時の泉温が25℃以上のもので、肌への刺激が少ないやさしい湯。赤ちゃんの入浴も安心。日本でいちばん多い泉質でもある。

塩化物泉

温泉水1kg中に溶存物質量(ガス性のものを除く)が1,000mg以上あり、陰イオンの主成分が塩化物イオンのもの。塩分が濃いしょっぱい湯。すぐれた保温効果がある。湯上がりポカポカ。

炭酸水素塩泉

温泉水1kg中の溶存物質量(ガス性のものを除く)が1,000mg以上あり、陰イオンの主成分が炭酸水素イオンのもの。なめらかな浴感で美肌効果のある湯。湯上がりさっぱり、ただし湯冷めしやすい。

硫酸塩泉

温泉水1kg中に溶存物質量(ガス性のものを除く)が1,000mg以上あり、陰イオンの主成分が硫酸イオンのもの。肌の新陳代謝を促し傷に効く湯。肌にハリとうるおいも与えてくれるから、アンチ・エイジング効果も期待できる。

二酸化炭素泉

温泉水1kg中に遊離炭酸(二酸化炭素)を1,000mg以上含んでいるもの。皮膚から炭酸ガスが吸収されて、血管を拡張して血流をよくするので疲労回復効果が高い。心臓の湯とも呼ばれる。飲泉効果も高い湯。

含鉄泉

温泉水1kg中に総鉄イオン(鉄IIまたは鉄III)を20mg以上含んでいるもの。その名の通り鉄分が豊富なので貧血症に効果がある。体の芯まで温まる湯。酸素に触れると鉄分が酸化して赤茶色に変わる。いわゆる赤湯がこの湯。

含よう素泉

温泉水1kg中によう化物イオンを10mg以上含んでいるもの。赤チンやうがい薬にも用いられているよう素が含まれた殺菌力にすぐれた湯。甲状腺ホルモンを活発にする効果もあるので全身の代謝が活性化。肌のターンオーバーが早まり美容効果も期待できる。

酸性泉

温泉水1kg中に水素イオンを2mg以上含んでいるもの。抜群の殺菌効果があり皮膚病に効く湯。草津温泉や秋田の玉川温泉が代表的。アトピーや水虫にも効果あり。ただし肌に刺激があるので肌が弱い人は要注意。

硫黄泉

温泉水1kg中に総硫黄を1mg以上含んでいるもの。いわゆるタマゴ臭のする湯。体の芯まで温まる湯。細胞や遺伝子を活性化させるので健康効果も高い。ただ、硫黄成分は金属を変色させるので、指輪やネックレスなどアクセサリーをつけたままの入浴はNG。

放射能泉

温泉水1kg中にラドンを30×10^{-10}キュリー以上含んでいるもの。体に害のない程度の微量の放射能を含んだ免疫力を高めるホルミシス効果がある湯。ラジウム泉やラドン泉とも呼ばれる。放射能はすぐに体外に排出されるので、ご安心を。

生上の観点や温泉利用者の温泉への信頼の確保の観点から……」っていう、あのお題目は、現場でそんなことになっているというわけ。

それに、ホント、もったいないなぁと思わずにはいられない。だって我が国日本は世界一温泉に恵まれた国なわけで、湯治という独自の文化もあるし、いい換えれば、温泉に関して世界一のコンテンツをもっているわけですから。もしも温泉分析書が別府温泉の温泉カルテみたいに誰にもわかりやすく親しみやすいものだったら、みんな、もっと温泉の泉質の違いや浴感とか温泉の湯そのものに興味をもって、温泉をより深く楽しむようになることは容易に想像できる。湯巡りする人だって増えるはず。海外からの旅行者だって然り。アニメや漫画が海外でウケているからって、後追いでクールジャパン戦略とか打ち出すのも、まぁ、いいけれど、温泉に関してはもとから世界一なわけですからね。温泉だって観光資源。それがもとから世界一であるということ。温泉分析書をわかりやすく親しめるものにするだけで、経済活動も含めて、いろんなことが底上げされていくんじゃないかって強く強く思うわけですよ。いや、ホント。

香りにハマると、また違うステージが待っている！

泉質の特徴をなんとなく知っておけば、あらかじめ温泉の効果が期待できて、それなりに楽しい。たとえば塩化物泉なら、ああ、この温泉は塩化物泉かぁ、それなら体の芯までグッと温まるし、湯冷めもしにくいから、今日みたいな寒〜い日にはうってつけじゃないか！　て感じに。二酸化炭素泉だったなら、おお、炭酸ガス効果で血流が体の隅々まで行き渡るから疲労回復になるなぁ。疲れ、めっちゃたまってたからなぁ〜。って感じだ。

自分でいろんな泉質を体感していくうちに、この楽しみは確実に深まっていく。ピリッとヤクザな酸性湯に恋焦がれて、人をダメにするトロトロのアルカリ性単純温泉にうっとりとして、洗濯科学のアリエールでも落ちない硫黄スメルたっぷりな硫黄泉に、これぞTHE温泉！　とひとり何度もうなずく……。そうなると、あのチンプンカンプンな温泉分析書もだんだんとわかってきて、見るのもがぜん楽しくなってくるから。

ただ、泉質はあくまでも分類にほかならない。ここでムリクリに温泉をラーメンにたとえるならば、醤油ラーメン、味噌ラーメン、塩ラーメン、タンメン、チャーシューメン、五目ラーメン……ｅｔｃ。いうなれば、これらラーメンの種類にあたるものが泉質で、同じ醤油ラーメンだからといっても、その味はお店の数だけある。温泉だっておんなじわけですね。

それとまた、分析書だけではわからないのが湯の香り。まぁ、硫黄泉が硫化水素特有のタマゴ臭がするとか、鉄分を多く含む含鉄泉が金気臭がするとか、さすがにそういうのはわかるけれども。

ボクが湯の香りでいちばんブッタマゲたのが北海道の手塩温泉の「てしお温泉夕映」の湯。ここは宿泊できる町民保養センターで、その小綺麗な外観は、まさかこの中にあんな香りを放つスゴい温泉があるとはとても思えない。その香りのことは下調べしてあったから、むしろ〝それ〟を心ゆくまで堪能しまくってやろーじゃないのと、ヤル気満々で、日帰り入浴ではなくて宿泊で「てしお温泉夕映」に泊まった。

フロントでチェックインを済ませ、部屋に荷物を置いて、すぐに温泉に向かったのはいうまでもない。いや、もう、居ても立ってもいられなかった。目指すはあの香りの湯。早く、今すぐ浸かりたい。ボクはほとんどビーム光線のごとく、まっすぐに脇目もふらずに大浴場へ向かった。

秒速で脱衣して、浴室の扉の前に立つ。扉を開ける。するとウワサにたがわぬアンモニア臭がモァ〜ッと匂った。ほ、本当だ、本当にアンモニア臭がする温泉があるんだ……。よく「目

見た目は小綺麗な
ホテルって感じですねぇ。

を疑うような○○」とかっていうけれども、この場合は「鼻を疑うようなアンモニア臭」だった。そう、アンモニア臭。いうまでもなく、それはオ○ッコに近い匂いだ。でも、いかにオ○ッコに近い匂いでも、それが温泉の湯の香りだとわかっていればフシギと抵抗感がない。というわけで、さっそくかけ湯をして湯に浸かってみた。湯船の中だと当然、よりいっそう〝香りに包まれた感〟が増す。湯はコーラのような茶褐色。泉質はナトリウム－塩化物強塩泉。そして植物起源の有機質を含むモール泉でもある。モール泉は地中の泥炭層や亜炭層（平たくいえば石炭になる一歩手前のようなものでできた地層）の成分が溶け込んだ温泉で、寒い北海道では地中は凍土となり埋もれた太古の植物が完全に分解しきれないため、個性的なモール泉が多いって聞いたことがあるけれども、この「てしお温泉夕映」の湯は、まさにその代表格というべきものだろう。

　しかし驚くべきは「てしお温泉夕映」の湯が循環ろ過湯であるということ。だってこんなにもアンモニア臭がするのに、ろ過された湯だっていうのだから、いったい源泉はどれほどのものなんだろうって思わずにはいられない。ああ、源泉掛け流しで入ってみたいなぁ、

扉を開けるとなかなか立派な
大浴場が目に飛び込んでくると同時に
モァ〜ッと、アンモニア臭が……。

北海道「てしお温泉 夕映」
住所：北海道天塩郡天塩町サラキシ5807-5
電話：01632-2-3111
日帰り入浴：600円
泉質：ナトリウム-塩化物強塩泉

アンモニア臭も強烈でスゴいんだろうなぁ、と……。え？　気は確かなのかだって？　いや、こーいうクセのある湯に浸かると、それがたちまちクセになるわけですよ。だってほかにこんな温泉ないんだもの。

そんなふうに温泉の香りというのはその温泉の湯の個性を大きく特徴づける。そして、ここ、ポイントだったりするのだけれども、香りの記憶としてインプットされる。これ、たとえるなら有名なパブロフの犬みたいなもので、「てしお温泉」って聞いただけで、あるいはその文字を見ただけで、脳内にあのアンモニア臭が再生される。つまり脳内であのアンモニア臭を嗅いだときと同じニューロンが反応しているというわけ。そうするとどうなるのか？　ハイ、あの独特なクセになる湯にまた浸かりたい。浸かりまくりたい。そうして、たまらなくなって、またその温泉に向かってしまうんですねぇ。脳内再生された香りに誘われてふたたび温泉の旅へと出る。どーです？　そういうのもよくないですか？　現地に到着したら、そうそう、この香り、これに会いたかったんだよ！　と、なつかしくてたまらない友に再会したかのように巡り合うというわけです。全国にそういう香りの記憶にインプットされた温泉を持てば持つほどに温泉巡りも楽しくなってきますから。

新潟県にはクセになる香りの名湯がいっぱい！ それはなぜ？

新潟県の沿岸部は日本一の石油・天然ガスの産出量を誇る地域でもある。もともと海だったから石油のもとになる有機物が豊富な土壌だったうえに、なぜか新潟沿岸の一帯では土壌での有機物の分解が通常のように進まず、それが分厚い泥岩層となった。その泥岩層が約300万年前ころからの東日本の東西圧縮を受け続けて、波板のようにデコボコに隆起し、隆起してできた隙間で泥岩層に閉じ込められた古代海水が石油とガスに分離されて、この地域は日本一の石油・天然ガスの産出地となった。つまり、そんな地域で湧く温泉もまたその影響を受けているというわけだ。アブラ臭と薬臭が混じったような独特な香りを放つ、ここらへんの温泉が、クセ強な香りが大好物な温泉マニアをよろこばせている背景には、そんな、とんでもなく壮大な歴史があったというわけである。

ここはアブラ臭マニアたちの聖地！

新潟県「新津温泉」

浴室の扉を開けると、悪魔的なアブラ臭が立ちのぼってくる。アブラ臭がする温泉はほかにもいろいろあるけれどここはレベルが違う。完全にレッドゾーンをぶっちぎっている。それもそのはず。ここ新津は、かつて日本一の油田の町だったのだからね。

住所：新潟県新潟市秋葉区新津本町 4-17-13 / 電話：0250-22-0842 / 日帰り入浴：500円 / 泉質：含よう素－ナトリウム－塩化物・炭酸水素塩泉

伝説の奇臭のカルト温泉の現在は？

新潟県「親鸞聖人総合会館西方の湯」

巨大な親鸞像が敷地内に立つそのミョーな温泉は、かつて奇臭をはなつ伝説のカルト温泉だったけど、今は源泉が変わって普通になった？　いやいやいや、奇臭とまではいかないけど、アブラ＆薬臭がたまらない、マニアックな名湯であることには変わりない。

住所：新潟県胎内市中村浜 2-29 / 電話：0254-45-2550 / 日帰り入浴：500 円 / 泉質：ナトリウム－塩化物強塩泉

美しいエメラルドグリーンのアブラ臭湯はいかが？

新潟県 月岡温泉「共同浴場 美人の泉」

もしかして、入浴剤入ってる？　っていいたくなるような、美しいエメラルドグリーンの湯。それなのにクセ強なアブラ臭の湯だったりもする。このギャップがたまらない。

住所：新潟県新発田市月岡温泉 403-8 / 電話：0254-32-1365 / 日帰り入浴：600 円 / 泉質：含硫黄－ナトリウム－塩化物泉

巨乳からクセ強湯がブシュー！！！

新潟県 松之山温泉「白川屋」

ここ、白川屋さんでは、巨乳から温泉がブシューッと吹き出しているわけですから、尋常じゃない。しかもミルキーな湯ならばアリかもだけど、アブラ＆薬臭のクセ強湯がブシュー！　やばいっすねぇ、これはもう、姉さん、事件です！（古！）

住所：新潟県十日町市松之山湯本 55-1 / 電話：025-596-2003 / 日帰り入浴：500 円 / 泉質：ナトリウム－カルシウム－塩化物泉

お願い、単純温泉にがっかりしないで！

いったい、どこのどいつだよ！　単純温泉なんて泉質名つけたヤツは！　表でろコノヤロー！

あ、いきなりヒートアップしてスミマセン……。いや、単純温泉のこと思うと、どーにもこーにも、ついついコーフンしてしまうんですねぇ。え？　そーいうおまえが単純だって？　あいすいません。

でも、だってねぇ、単純温泉だなんて、ありがたみが1ミリもないウスッペラな感じじゃないですか。いや、確かに「薄！これ、ホントに温泉か？」ってツッコミ入れたくなるような単純温泉もありますよ。ビジネスホテルの天然温泉大浴場なんていうのにそういう温泉が多かったりする。でも、名だたる名湯にだって単純温泉は多い。有名どころだと箱根湯本温泉、下呂温泉、修善寺温泉、道後温泉、由布院温泉等々、マニアックなところだと満願寺温泉、姥子温泉、般若寺温泉等々、あるいは、あの宮沢賢治の童話に登場し「腹の痛いのにも利けば傷も治る。鉛の湯……」とうたわれた鉛温泉だって、あの放浪の俳人、山頭火が「温泉はよい、ほんたうによい、こゝは山もよし海もよし、出来ることなら滞在したいのだが、いや一生動きたくないのだが……」と絶賛した日奈久温泉だって、あの津山藩や勝山藩のお殿様が愛した真賀温泉だって単純温泉だ。また「別府八湯温泉道」といえば温泉好きならほぼ知っている別府の8つの温泉郷を巡るスタンプラリーだったりするけれども、それに参加している温泉はぜんぶで約150湯。そのうちなんと61湯もが単純温泉なのである。なんてったって単純温泉は日本でいちばん多い泉質（日本の温泉の30％以上が単純温泉）なのだから、あげればそれこそキリがない。ようはそういう名湯と「薄！　これ、ホントに温泉か？」っていう温泉が、単純温泉という泉質名のもとに一緒くたにされてしまっているということ。あるいは、そういう事情を知らない、あんまり温泉に詳しくない人だったら、人によっては「チ。単純温泉かよ」なんて思われちゃうし（なにを隠そう、昔のボクがそうだったわけで……）。そんなふうに単純温泉がテンション下げワードになっちゃっているわけなんですね。ああ、切ないなぁ。

そもそもなんでそんなことになっているのか？　83ページで紹介したように温泉にはさまざまな泉質があるわけだけど、単純温泉もそのさまざまな泉質のうちのひとつで、そんな泉質は「鉱泉分析法指針」という環境省の指針で「療養泉」として定義され、分類されている。え、鉱泉？　温泉とは違うの？　療養泉ってなに？　思われた方、あなたの感覚は正しい。とりあえずここでは鉱泉イコール温泉、その中でも体に効用があるものを療養泉としているぐらいにご理解ください。まぁ、よくあるあれです。一般人にはわかりにくい〝お役所の定義〟ですから。

「鉱泉分析法指針」で定義される温泉をざっくりいうと、

1．源泉から採取されるときの温泉の温度が25℃以上であること

2．定められた7つの物質のうち、いずれかひとつでも基準値以上含んでいればＯＫ

と、このふたつのいずれかを満たしているものを療養泉（体に効用がある温泉）として、83ページで紹介した単純温泉を含めた10種の泉質別に分類している。

さて、ここで今一度83ページで紹介した泉質の特徴をザッと見てもらいたいのだけれども、お気づきになられただろうか。単純温泉以外すべてが「温泉水1㎏中に○○を○○㎎以上含んでいるもの」となっている。それに対して単純温泉はというと、温泉水1㎏中の溶存物質量が1000㎎未満、つまり満たないものと定義されている。これはぶっちゃけていっちゃえば、含有成分がなんであれ、基準値を下回っているものはすべて単純温泉にしちゃえっていう分類法なんですね。だから溶存物質量がたったの1㎎満たない999㎎でも、たとえそれが極めて塩化物泉に近くても、酸性泉に近くても、硫黄泉に近くても、基準値にほんのわずかであっても満たなければ単純温泉に分類されてしまう。だから実は成分がぜんぜん単純じゃない単純温泉があったりするんです。それでも泉質上は、単純温泉と呼ばれてしまうという切ない事実……。

つまるところ、単純温泉以外の泉質はそこに含まれる成分で分類されているけれども、単純温泉だけ分類のスタンスが違う。そして、そういう分類のスタンスが違うことを思えば、単純温泉が日本でいちばん多い泉質であることが大いにうなずけるわけだけど、な～んかモヤモヤした気分は残っちゃいますよねぇ。

ちなみに、そもそもなんで単純温泉という泉質名になったのかというと、これ、ドイツ語の「Einfaches Wasser」を直訳したものをそのまま泉質名にしちゃったらしい。しかも現在のドイツの温泉関係の専門書ではその言葉は使われていないらしいんですね。環境省さん、使われてないんですって！　ということで見直しましょうよ、この泉質名！　単純呼ばわりされる名湯がやるせないっすよ。みなさんもそう思いませんか？　なので、ここはぜひ覚えておいてくださいね。単純温泉は単純なんかじゃない。ホントは、奥深い豊かな豊かな温泉なんだからって……。

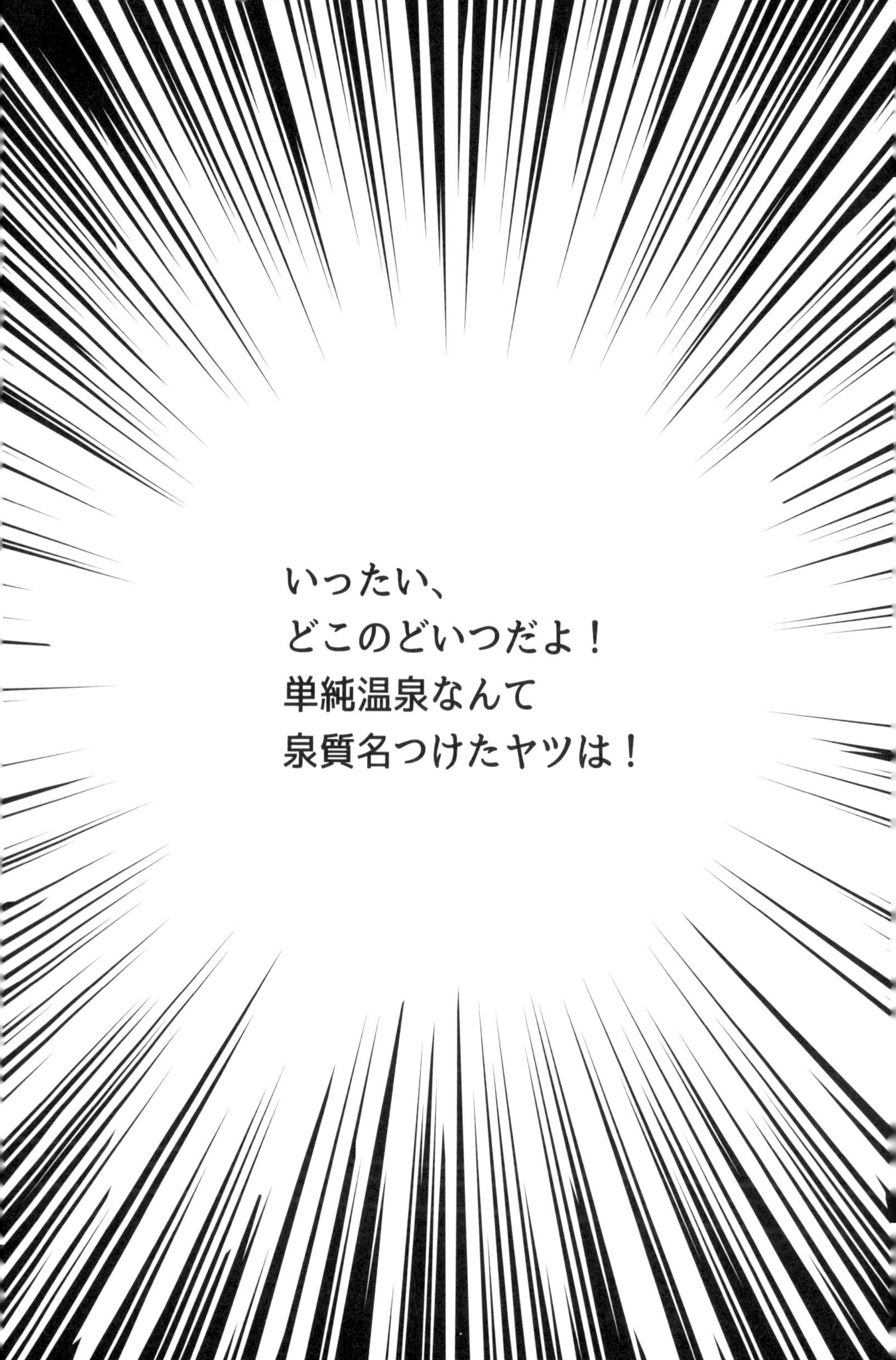
いったい、
どこのどいつだよ！
単純温泉なんて
泉質名つけたヤツは！

飲泉のコップがあったなら、目を輝かせろ！

はじめて訪れる温泉施設や温泉旅館で浴室の扉をガラリと開ける。すると源泉を投入している湯口の近くとかに飲泉のためのコップが置いてあるのが見えた。わ〜お！　ここの湯は期待できるぞ！

そう、飲泉できる温泉。これもまたいい湯であることの目印だったりする。それというのも、施設であれ、旅館であれ、入浴客に飲泉させるためには保健所の許可が必要なんですね。で、ちゃんと許可が下りている温泉は新鮮で衛生的で、飲んでも体に害がない。それとまた、飲泉させるからにはやっぱり体への効能にそれなりに自負がなければ、フツーは飲泉なんかさせないだろうし、そもそも飲泉の歴史ははっきりとはわかっていないけれども、江戸時代あたりから医学的な見地で飲泉があったというから、飲泉させている温泉は昔ながらの湯治の湯であることも多い。飲泉できる温泉がいい湯であることの目印だっていうこと、なんとなくおわかりいただけましたか？

ヨーロッパなんかは入浴よりも飲泉が盛んなところが少なくはないんですね。なぜならば、ヨーロッパの温泉って飲みやすい低温で、成分が濃ゆい温泉が多い。つまり医療的に飲泉するのに向いている。吸い口がついた、おしゃれな陶器の飲泉用のカップなんかもあって、あちらの人たちはそれをマイカップとして買って、健康のために飲泉をしているのだという。

タマゴ臭が芳しい、鮮度抜群の知る人ぞ知る名湯。ここでの飲泉は、ああ、温泉っておいしいなぁって素直に思える味ですよ。ここの女湯では飲泉用のコップはライオンの帽子になってます。

和歌山県 夏山（なつさ）温泉「もみじや」

住所：和歌山県東牟婁郡太地町夏山3830 / 電話：0735-52-0409 / 日帰り入浴：300円 / 泉質：単純硫黄泉

さて、飲むわけだから味はどうなのよ？　これ、大切なことですよね。やっぱり飲むわけだからおいしくなくちゃねぇ。と、いいたいところだけれども、実際は、おいしいのもあり、マズいのもあり、ドマズいのもある。温泉の浴感が温泉の数だけあるように、温泉の味も温泉の数だけある。でも、そこは温泉なんですね。マズくたって、体にいい効用があるわけです。マズ〜い！　もう一杯！　みたいな感じに、マズくても体はよろこんでいる気がするわけですよ。だからなのかな、そのマズささえも、なんだか愛おしくなってくる。温泉マニアなんかは自分が飲んできたドマズい温泉をうれしそうに自慢し合うように話のネタにしてますからねぇ。ま、それもまた温泉への愛情表現なんですね。マズさを自慢し合う。やっぱそこまでいかなくっちゃ。

そうそう、まろやかで、かすかに硫黄が感じられる温泉なんかは、焼酎割りにするとこれがまたおいしいんだなぁ。よく温泉をお土産用にペットボトルで売っているところなんかがあるじゃないですか。中には例外もあるけれども、そういう温泉は、おうおうにしてまろやかで口当たりのいい温泉だったりするから、旅から帰って自宅で温泉の焼酎割りでヤリながら温泉旅の思い出を噛みしめるなんていうのもいいかもですね。ただし飲泉の目安はだいたいコップ1杯程度とされているから、あくまでも飲み過ぎにご注意を。あ、あと、お粥なんかもいいかもしれない。温泉粥。温泉でお米の甘さが引き立ったやさしい味わいのお粥。よく温泉旅館の朝食なんかでもありますよね。アレを自宅でやっちゃうというわけ。ヘルシーな感じでいいじゃないですか（と、こう書いて、ヘルシーライフとは無縁のオマエがいうか？と、自分にツッコむ……）。

神奈川県「有馬療養温泉旅館」

住所：神奈川県川崎市宮前区東有馬3-5-31 / 電話：044-877-5643 / 日帰り入浴：1200円 / 一泊二食：10,120円〜 / 泉質：単純鉄冷鉱泉

通称、川崎の有馬温泉。冬の寒い日の朝は湯に黄金の膜が張るという珍しい霊泉。チョロチョロとライオンさんの口から出る源泉は意外とあっさり味。常連さんはここの源泉の焼酎割りを楽しんでいますよ。

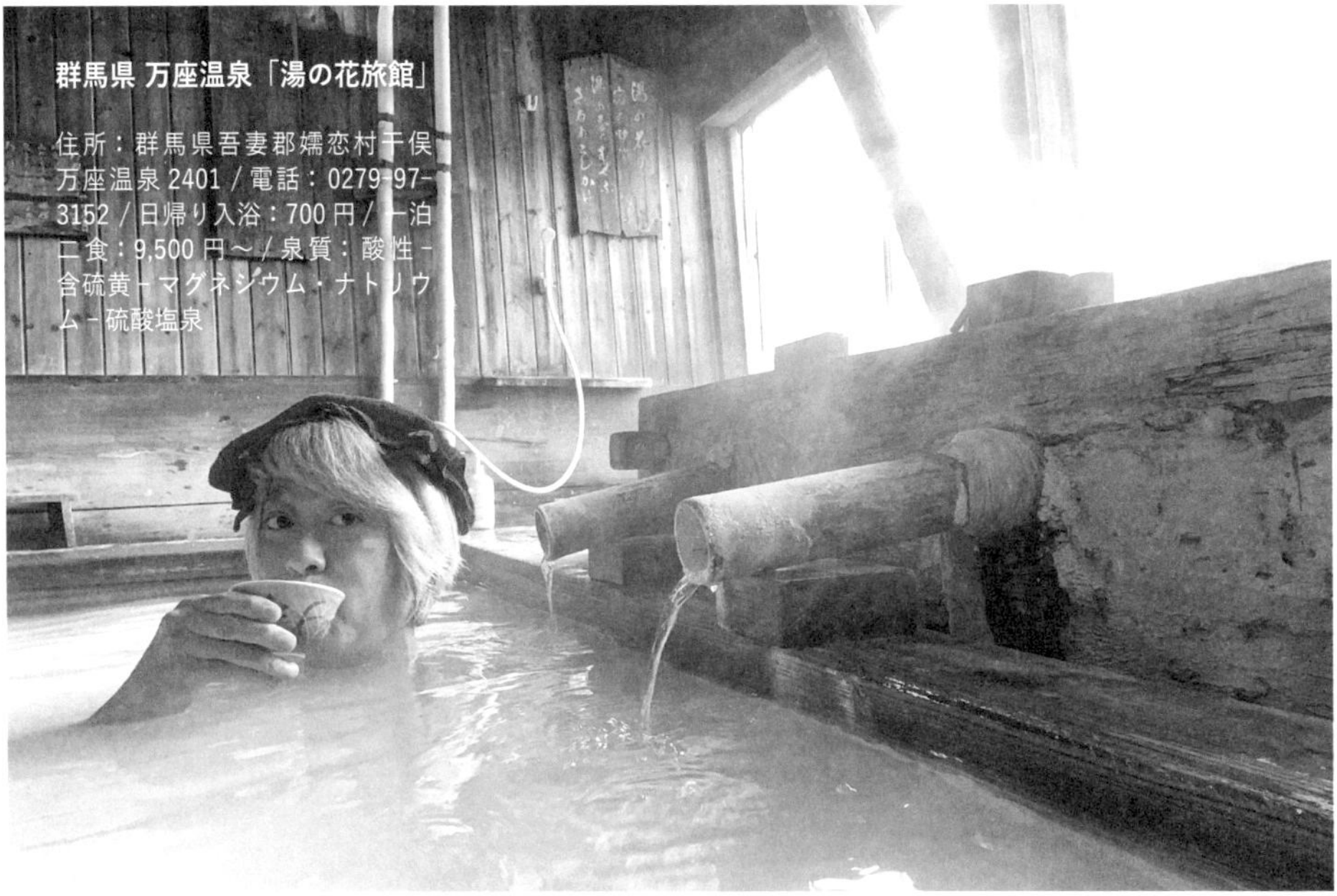
群馬県 万座温泉「湯の花旅館」
住所：群馬県吾妻郡嬬恋村干俣万座温泉2401／電話：0279-97-3152／日帰り入浴：700円／一泊二食：9,500円～／泉質：酸性－含硫黄－マグネシウム・ナトリウム－硫酸塩泉

万座温泉といえば日本一硫黄濃度の濃い温泉。さらにここ、湯の花旅館の内湯はそんな源泉に巨大なサルノコシカケを漬け込んでいる、唯一無二の湯。酸っぱ苦いフクザツな味わい。これもまた、体に効きそうだなぁ～。

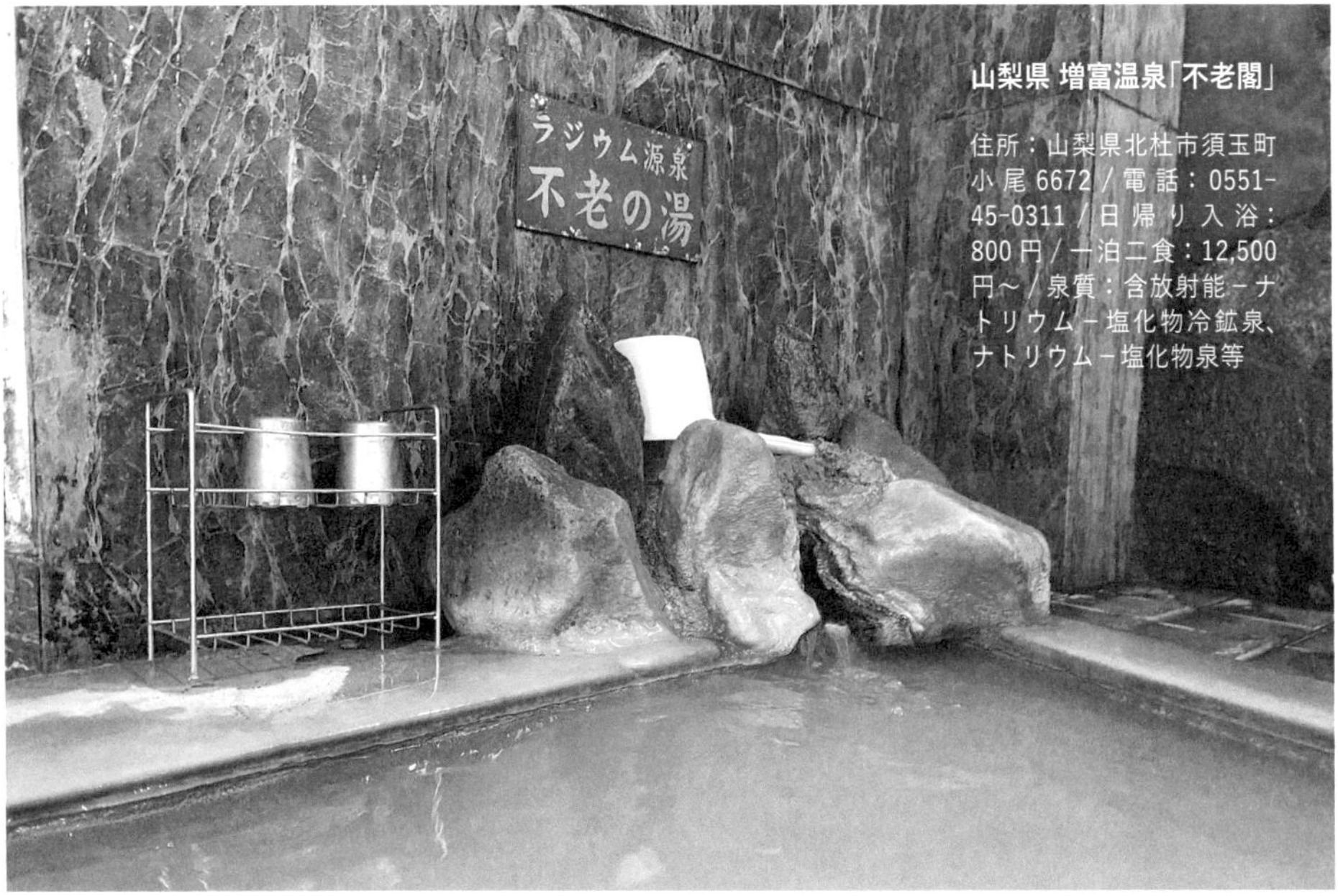
山梨県 増富温泉「不老閣」
住所：山梨県北杜市須玉町小尾6672／電話：0551-45-0311／日帰り入浴：800円／一泊二食：12,500円～／泉質：含放射能－ナトリウム－塩化物冷鉱泉、ナトリウム－塩化物泉等
ラジウム源泉
不老の湯

ここは微量の放射能が含まれる、いわゆるラジウム温泉。しかも全国レベルのラジウムの名湯。味は酸味が利いた、決してうまいとはいえないけれども体にかなり効きそうな感じ。浸かって、吸って、飲んで湯を堪能するのが、ここ不老閣のスタイル。効きますよ～マジで！

夏だ！　猛暑だ！　それなら温泉だ？？？

夏が、夏が、どんどん暑くなっていく。いや、ホント、なんだか猛暑、酷暑がフッーになってきちゃった感じで、かつての縁側で扇風機の風にあたりながらスイカを食べて、風鈴の涼やかな音色に耳を傾けながら涼む……なんていう涼のとり方は、もはや遠い遠い過去の遺物。いったいどーしたものやら……。

いえいえ、みなさん、そんなときこそ温泉です。今日もアホみたいに暑いぞ！　じゃあ温泉いこー！

え？　正気の沙汰じゃないって？　ふふふ。それはねぇ、あなたがまだ知らないだけなんだなぁ。この世の中には、夏だからこその温泉があるっていうことを。いや、かくいうボクも昔は知らなかった。温泉といえば冬のもの。そう、思い込んでいたっけなぁ。

温泉マニアはそれを〝夏湯〟と呼んでいる。体温と同じ不感温度のぬる湯温泉、20～30℃の、夏のプールのような冷たい温泉、それをさらに通り越したひんやり冷たい温泉などなど。

え？　ひんやり冷たいのに温泉？　温泉って温かいから温泉っていうんじゃないの？　そう思った方もいらっしゃるのではないだろうか。そうですよね。フッーはそう思いますもんね。

ところがひんやり冷たくても、れっきとした温泉なんです。前の項で温泉の泉質は「鉱泉分析法指針」というもので定義されているといいましたが、さらに上位の「温泉法」という法律によって、何をもって温泉といえるかが定義されている。それによるならば、

1．源泉から採取されるときの温泉の温度が25℃以上であること

2．定められた19種類の成分のうち、いずれかをひとつでも基準値以上含んでいればOK

この1、2のいずれかを満たしていれば温泉なのである。つまり源泉が25℃以下の温泉であっても、定められた19種類の成分のうち、いずれかひとつでも基準値以上含んでいれば温泉といってもいいよってこと。ひんやり冷たくっても、それは法律上、まぎれもない温泉なのである。

さて、夏湯のなにがいいのかっていうと、とにもかくにも気持ちいい。いわゆるアレですよ。人をダメにしちゃうやつ。冷たいっていっても、それは、されど温泉というわけで、体に効く成分が含まれている。でもって、熱い湯と違ってずっと浸かっ

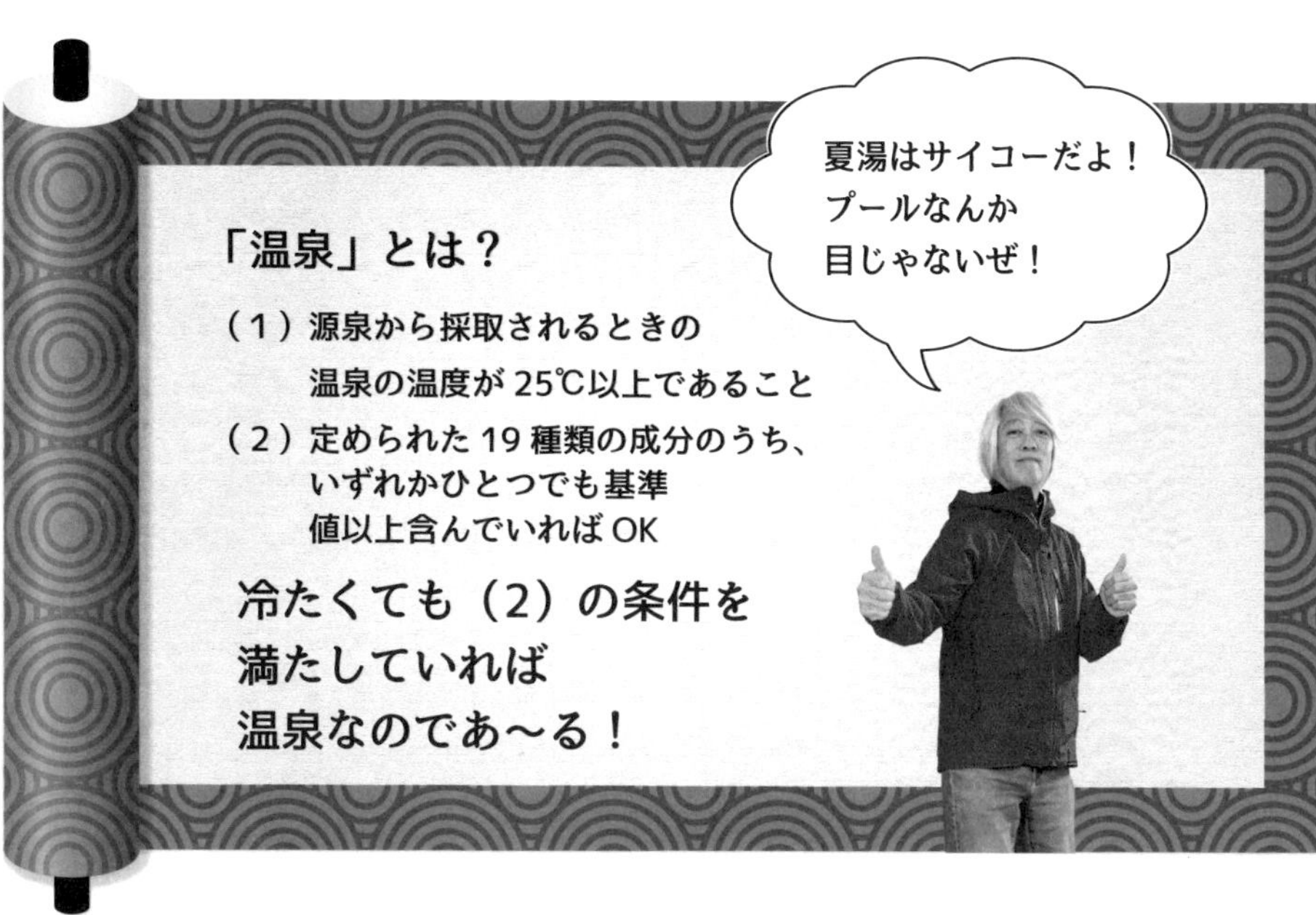

ていられるから、ジワジワと温泉ならではの気持ちいい浴感を感じながら1時間ぐらいへっちゃらで長湯できてしまう。これは、ホント、サイコーなんです。冬に温泉に浸かって温まるのとは違った気持ちよさがある。そう、夏湯は冬の温泉とは完全にベツモノなんですね。ああ、気持ちよくて出たくない。いつまでもここでこうしてダメになっていたい。もう、世の中なんてどうなってもいい。と、そんな感じ。また、ひんやり冷たい温泉は夏でもずっと浸かっていると冷えてくるけれども、だいたいそういう温泉は加温湯の浴槽が併設されているから、冷浴、温浴と交互浴（これがたまらなく気持ちいい！）の無限ループをしながら浸かれば、これまた1時間なんてあっという間に過ぎてしまう。体温とほぼ同じ不感温度のぬる湯ならば、浸かっているうちに湯との一体感に包まれてきて、これまた気持ちよくて、ついついウトウトと。たまんないんだなぁ。夏湯。ああ夏湯よ。もう、プールなんか目じゃない。

アホみたいに暑い日にぜひとも実践してみてください。夏湯ばかりを巡る夏湯巡りを。湯巡りの合間合間に、ビールだとか、冷やし中華だとか、カキ氷だとか、トコロテンだとか、夏らしいものを食べたり飲んだりしながら、夏湯を3〜5湯ぐらい巡れば、それはそれはサイコーの夏の一日になることうけあいですから。山梨県とか長野県とか大分県とか狙い目ですよ。

こんなに気持ちのいい夏ならではの温泉があるのに、あいも変わらずテレビの旅番組や雑誌では、温泉は秋や冬のテッパンコンテンツであり、秋や冬にしか特集を組まない。だから、多くの人は夏ならではの温泉の存在さえも知らない。それ、ホント、もったいない。

温泉マニアたちが自信を持って選んだ、夏湯ベスト55湯！

温泉は秋冬だけのものじゃない。真夏こそサイコーに楽しめる温泉だってあるんだよ！　と、そんな思いを込めて温泉マニアたちが夏湯ベスト 55 湯を選定した、唯一無二の真夏の温泉本。

『真夏の温泉』

岩本薫＆ひなびた温泉研究員
¥1650（税込）
みらいパブリッシング刊

この、温泉は寒い季節のものっていう間違ったジョーシキをくつがえしたい。そう思ってボクは２０２２年の7月に、ボクが主宰している「ひなびた温泉研究所」のメンバーとともに『真夏の温泉』という本を出したんですね。「ひなびた温泉研究所」とは、全国のひなびた温泉好き５００名ちょっとのメンバーで構成された、ひなびた温泉のサポーターコミュニティーみたいなもので、温泉マニア率もとっても高い（いや、もしかしたら、全員マニアかもしれない……）。そんなメンバーの中から募った有志たちで、推しの夏湯を出し合い、ネットで選挙して選出した夏湯55湯を、みんなで手分けをして取材・執筆をした本なんだけど、さすがはマニアのセレクト。夏湯の名湯があますところなく紹介された夏湯のバイブルのような温泉ガイド本になった。おかげさまで売れ行きも好調で、また、ボクが温泉案内人としてちょくちょく出演させてもらっているテレビ東京「よじごじDays」でも「健康増進！　夏に嬉しいひなびた温泉巡り」として、はじめて夏の特集としてオンエアできた。番組内でご案内した温泉好きの俳優・風間トオルさんも「気持ちいいねぇ、ずっと浸かっていられるねぇ～！」と大よろこびしてくれた。この調子で夏湯がもっと盛り上がって、夏だ暑いぞ温泉だ！がジョーシキになってくれることを願ってやまない。参考までに99ページに、『真夏の温泉』に掲載されている温泉を紹介するので、みなさんも、ぜひとも暑い日に入浴して夏湯の素晴らしさを体感してもらえたら、うれしい限りです。

暑いほどに気持ちがいい真夏の温泉。根付いていきますように。でもね、あえてクソ暑い夏に激アツの湯に浸かって（長湯は禁物！）、湯上がりに放心状態でスポドリをグビグビ一気飲みするのも、これまた、たまらないんだなぁ。

長野県 奥蓼科温泉「渋御殿湯」

ここはとても珍しい夏湯の硫黄泉。しかも2種類の源泉を「冷たい（26度）」「ぬるい（31度）」「温かい（41度）」の3つの湯温で楽しめる。しかもぬるい湯は足元湧出湯（男湯のみ）で鮮度抜群だ。３つの極上湯をトリプルで無限ループ浴。これはもーマジでたまらないですよ～。※トリプルで無限ループ浴が楽しめるのは宿泊客のみなのでご注意を。日帰り入浴は別の浴室となる。

住所：長野県茅野市北山 5520-3
電話：0266-67-2733
一泊二食：11,000円～
泉質：単純酸性硫黄泉

島根県 三瓶温泉「亀の湯」

亀の湯は昔ながらの共同浴場。その魅力は湯船の佇まいと泉質。ひなびた空間のど真ん中に大きな楕円形の湯船がドン！　そこにジョボジョボと湯温35度のぬる湯が惜しげもなく掛け流されている。見ているだけでもたまらない。しかもこの湯、メタケイ酸が1kg中192mgも含まれているっていうから、保湿効果、美肌効果がめっちゃ期待できるよ。

住所：島根県大田市三瓶町志学ロ 357-5
電話：0854-83-2167（志学まちづくりセンター）
日帰り入浴：300円
泉質：ナトリウム - 塩化物泉

静岡県 祢宜ノ畑温泉「やまびこ荘」

まっさかねぇ～、これが掛け流しの温泉だったとはねぇ。そっか、そっか。よく見ればちゃんと湯口もあって、そこから源泉がドバドバ投入されているし。さすがにこの広さと水着着用ということで塩素消毒はされているけど、プールと思えば気にならない。てか、やっぱプールにしか思えない。湯温は33度ぐらい。いや～、泳ぐと気持ちいいっすよ。ちなみに内湯は100%源泉掛け流しのいい湯なので、ここでひと泳ぎしたらぜひ！

住所：静岡県賀茂郡西伊豆町大沢里 150
電話：0558-58-7153
日帰り入浴：400円
（温泉プール、内湯は別料金600円）
一泊二食：5,940円～
泉質：ナトリウム・カルシウム - 硫酸塩泉

山梨県「ヨシヤーの湯」

いつの頃からかここに湧いた霊泉が評判となり、かつてはこの霊泉を沸かした湯小屋もあったとか。今ではこのように野っ原にぽつんと湯口と湯船があるだけのものになってしまったわけだけど、それはそれである意味温泉マニアのココロを大いに刺激するわけなんだなぁ。湯温は18度ぐらい。サウナの水風呂レベル。夏はもう、こんな野っ原でひとりで冷たい霊泉浴びるわけだから、開放的でめっちゃ気持ちいい。近所にこんなのがあったらなぁ。

住所：山梨県北杜市須玉町小尾
電話：なし
日帰り入浴：無料
泉質：含二酸化炭素-ナトリウム-塩化物泉らしい？

湯・イズ・エヴリシング！

けっきょくは湯。温泉は湯こそすべて。極上湯の温泉に出会えば出会うほどに、その想いが深くなっていく。なんなのでしょうね、温泉の湯にハマっていくこの感覚は？　でも、このハマっていく感じがまた、たまらんのですよ。もっとハマりたい。どこまでもハマっていきたい。人生が続く限りにハマっていきたい！　って感じで。沼ですねぇ、温泉って。

というわけでこの章では「いい温泉に出会うには？」的なことをテーマとしたい。

そもそも、いい温泉とはなんなのか？

それは、いい源泉を、いい湯使いをしている温泉。いかにいい源泉と出会っても湯使いが悪ければいい温泉にはならない。せっかくのいい源泉も台無しになるというわけ。

じゃあ、いい湯使いをした理想の温泉とは？

まずは源泉掛け流しであること。そして、これまでふれてきたように湧出量に見合った大きさの湯船であること。つまり、いい源泉をできるだけ新鮮でイキのいいままの状態でお風呂にしていることですね。しっかりとした湧出量とそれに見合った大きさの湯船であれば、常に湯船は新鮮な源泉で満たされてオーバーフローしながら排出されていく。やっぱりコレですよね。ホント、温泉って鮮度でこんなにも変わるものなのかって今さらながら思う。だから、それがショボい源泉掛け流しになっちゃったりすると、湯船の湯はなかなか入れ替わらず、くたびれてくる。もっとひどいのになると、衛生的にもよろしくない温泉になってしまう。残念なことに、実際、そういう温泉、あるんですねぇ。それだったら、まだ循環ろ過湯にしてくれてたほうがよっぽどいい。

ただ、「源泉掛け流し」っていうのが残念なことにアテにならない。旅館や温泉施設が「源泉掛け流し」とアピールしていても、循環併用だったり、加水していたり、加温していたり、塩素消毒していたりと、本来の意味の「源泉掛け流し」じゃない場合がけっこうあったりするのだから。これはモヤモヤせずにはいられない。だって「源泉掛け流し」っていう言葉こそが、我々温泉好きにとってのキラーワードなんですから、それがアテにならないのなら、いったい何をアテにすればいいのよってことで。なんでそんなことになっているのかというと、そもそも、何をもって「源泉掛け流し」とするのかという明確な基準が存在しないからなんですね。う〜ん、こういうところこそ温泉法とかそーいうやつでビシッと定義してほしかったですよねぇ。

ま、ボヤいてもなにがどうなるわけでもないんで、話をすすめると、理想の温泉は湯使いのいい源泉掛け流しの温泉。じゃあ、そういう温泉と出会うためには、なにを情報源にする?

観光パンフレットとか? アレはほとんどアテにならない。なぜならば、観光パンフレットの文章は、実際にそこに行ったことがないコピーライターが、旅館や温泉施設、観光協会からもらったPR文を読みやすくリライトしているだけなのだから。なにを隠そう、ボク自身、元コピーライターだったりするので、そういう仕事もしてきたし、そういう事情もよくわかる。いちいち自分の足で取材していたら予算が合わないんですね。旅行のフリーペーパーとかもほぼおんなじで期待できない。

じゃあ旅行雑誌とか旅行情報サイトとかはどうなのか。これはピンキリ。

でも、加水していたり……

でも、加温していたり……

ジャンジャカジャーン!

源泉掛け流し

でも、循環併用だったり……

でも、塩素消毒していたり……

源泉掛け流し。この、温泉好きにとって最高のキラーワードには、明確な定義というものがなく、都合よく使われている場合も珍しくなく、観光パンフや看板の情報も、アテにならなかったりする。
もちろん、加水して薄まっていても、加温して温泉成分が変成しても、循環併用でも、じゅうぶん、いい湯はあるし、塩素消毒だって気にならない程度のものもある。でも、でも、でも、やっぱりねぇ。100%源泉掛け流しの、湯量も豊富で鮮度がいい湯に浸かりたいんだよぉ～!!!!

素晴らしい温泉特集をしてくれる雑誌もあれば、そうじゃない雑誌もある。でも、旅行ライターさんの名前がちゃんと表記されているものは信用度が高い。ただし、旅行ライターさんがちゃんと取材して書いた記事であっても、温泉のことよりも旅館の料理とかおもてなし、ロケーションとかに寄った記事とかもけっこうあったりするから要注意。まぁ、ひとくちに旅行ライターといっても、いろんな得意ジャンルがあるから、温泉系の旅行ライターさんをマークしておくとかだったらいいと思います。ただ、旅行雑誌はやっぱり観光地系の特集が多いから、残念なことに、ボクがこれまで話してきたような、観光地じゃないところにあるジモ向けの共同浴場なんかは、旅行雑誌とかには、ほぼ出てこない。いい湯なんだけどなぁ。

それと「地下〇〇〇〇メートルから汲み上げた湯」とか「美人の湯」とか「美肌の湯」とか、スーパー銭湯なんかでよく見る宣伝文句があるけれども、これまた、それらの多くが空疎でステレオタイプなキャッチフレーズ化しちゃっているっていっていい。たとえば「地下〇〇〇〇メートルから汲み上げた湯」といっても、いい源泉がその地底深くにあるのならば話は別だけれども、そもそも地底というのは前述したように１００メートル深くなると温度が約３℃上昇するわけで、地下１３００メートルほど掘れば、たとえそれが水のように薄い源泉であっても40℃前後の適温の温泉が出てきちゃうのである。だから深く掘ればそれがいい温泉とは限らない。ちなみに意外に感じる人も多いと思うけれども、東京の地下には素晴らしいモール泉や化石海水が埋まっている。レベル高いです。とはいえ、これ以上掘削されたら枯渇しそうなんで、いち温泉好きとしては、もうこれ以上掘って欲しくないですけどネ。

では「美人の湯」とか「美肌の湯」はどうなのか。これも中にはちゃんとした素晴らしい美人なり美肌なりの湯はあるのだけれども、ほとんどが塩素消毒&循環ろ過湯にしていて、なんだかなぁって感じなのだ。塩素消毒なんて、肌によくないじゃん。

……と、こんなふうにメディアも宣伝文句もあまりアテにならない。じゃあ、なにをアテにすれば確実なのか。それは、温泉マニアの情報発信。やっぱりマニアはどこの分野でもスゴい。温泉でも然りなのですね。たとえばあなたが気になっている温泉があるとする。それをググる。その場合、「〇〇〇温泉 ブログ」っていうふうに、検索ワードを、その温泉名と、空白空けてブログとすると、実際にその温泉に行った人のブログ記事がズラズラと出てくる。まぁ、そういう記事もピンキリの玉石混交なんだけれども、そこに温泉マニアの記事がひそんでいたりする。そういう記事の見分け方は、記事の中で泉質や浴感なんかに細かく触れているならば、それはほぼ温泉マニアといっていい。泉質や浴感はもちろん、さらに湯の香りや味なんかにまで触れていたら、もう絶対間違いない。だって味ですからネ、味！

あるいは温泉マニアのSNS。インスタグラムで「#源泉掛け流し」とかでハッシュタグ検索すれば源泉掛け流しの温泉写真がズラズラと出てくる。その中でフォロー数やコメント数が多いユーザーは温泉マニアの中でも一目置かれているマニアである確率は高い。フォローすれば温泉のコアな情報源になること間違いなしだ。

フェイスブックであれば温泉のグループがいい情報源になる。ちなみにボクが主宰している非公開グループ「ひなびた温泉パラダイス」はマニア度がとっても高い。興味のある方はぜひともご参加ください。

こうした温泉マニアの情報発信は最強だと思う。なんてったって湯使いのことがしっかり書いてあったりするからだ。ブックマークしたりフォローして、マークしていれば、行きたい温泉があれよあれよと増えていくことうけあいですから。

そんなふうにマニアックな温泉情報を頼りに温泉巡りをすれば、ふふふ。きっとあなたも、かつてのボクとおんなじ思いをするはずだ。今までの温泉、なんだったんだよ！　と。で、うまいものを食べるとだんだんと舌が肥えていくように、いい湯に浸かればだんだんと温泉に対して肌が敏感になっていく。そうなると温泉旅行も温泉そのものが目的になってくる。観光よりもよりよい温泉求めて、温泉も宿の温泉だけではなく、日帰り入浴や共同浴場の湯も巡っての温泉三昧。いや、こうなればしめたもの。だってねぇ、日本は世界一の温泉大国。どこ行っても温泉がある。観光旅行だったら、観光地に限られてしまうけれども、温泉そのものを旅の目的にしたら、日本中どこでも〝行く楽しみ〟があるというわけだ。それに観光客でわんさか溢れかえっているところに行くよりも、のどかな里山の景色や田園風景を楽しみながらのんびりと温泉求めて歩くほうがココロが癒やされるんだなぁ。ホント、ココロの洗濯になる。いい湯の温泉にいっぱい浸かって、名もなき田舎の景色に癒やされて、メシだって、観光地のたいしてうまくない、それでいてバカ高いメシなんかよりも、町のジモに評判の食堂なんかのほうが安くてうまいわけだし、そういうほうが、後になって、ああ、いい旅してきたなぁって思えるんじゃないかしらん。

だいじょうぶ。いい温泉入っているうちに、だんだんと、あなたの肌の温泉センサーも必ず精度が上がってくるから。

人知れず日がな一日、夢のように源泉をドバドバ掛け流す！そんな温泉が山梨県のフツーの住宅地の中にあるってホントですか？

山梨県「玉川温泉」
住所：山梨県甲斐市玉川1038 / 電話：055-276-3462 / 日帰り入浴：500円 / 泉質：ナトリウム－塩化物・炭酸水素塩泉

ほら！
ザバザバと源泉が
洪水みたいに
湯船から溢れているよ！

ホントですよ！
ごくごくフツーの
住宅地にポツンとあります。

浴室の床なんかは
まるで源泉の川状態！
ヤバくないっすか？

「滝のように流れる
かけながし」。
看板がナゾの放置状態？

あの、濁点付きの「あ〜」の正体

いい温泉とはなにか？　前の項でボクは「それは、いい源泉を、いい湯使いをしている温泉」といいました。でも、もうひとつ、こうともいえる。いい温泉。それは、あの、濁点付きの「あ〜」が体の奥底から出てくる温泉である、と。湯に浸かったときに思わず出てしまう、あの、濁点付きの「あ〜」。温泉じゃなくたって出ますよね。銭湯でも、ときには自宅の風呂でも。ただ、この濁点付きの「あ〜」は、なんていうか深さに違いがある。自宅の風呂で出る濁点付きの「あ〜」と、たまらなく湯がいい温泉に浸かったときに出てくる濁点付きの「あ〜」は、間違いなく深さがぜんぜん違う。いい温泉であればあるほど、それは体のトンデモなく奥のほうから出てくる。そう思いませんか？　そうですよね？

なぜか？

ていうか、そもそも我々はなんの必要があって、あんなふうに湯に浸かると、いちいち濁点付きの「あ〜」なんて声を出してしまうのか。いったいあれはなんなのヨ？

オーケー。説明しようではないか。あなたがたまらなくいい湯に浸かって、思わず濁点付きの「あ〜」というとき、体の中ではなにが起きているのかを。

たまらなくいい湯に浸かったあなたは、まず、フニャフニャになります。ひとつは湯の浮力。これによってそれまで常に体にかかっていた重力から解放され、同時に筋肉の緊張が一気にほぐれていく。そして湯の水圧。これがあなたの肌をやさしくハグするように心地よく刺激する。そして湯の粘力。ゆらゆらと揺れる湯の中であなたは心地よくて、たまらず手足を伸ばす。湯は空気とは違って軽い抵抗力があるわけだけど、それがまた心地いい。そして温泉ならではの浴感。トロトロだったりキシキシだったり、あきらかにサラ湯とは違う気持ちいい浴感がある。体によさそうな温泉の成分が全身にジワジワと染み込んでくるような感じもたまらない。こうしたことが湯に浸かることで瞬時に同時に起こり、あなたに極上のウエルカムドリンクのような快楽を与えてくれる。そこであなたはたまらず一発目の濁点付きの「あ〜」を出すのだ。でも、それだけでは終わらない。湯の温かさによって、それとあなたの体中に張り巡らされている自律神経が副交感神経モードとなって血管を拡張させる。すると全身すみずみまで、あなたの命の源である血液が行き渡る。まるで心地いい生命力が行き渡るかのように。そしてまた副交感神経モードとなった自律神経はあなたをサイコーのリラックスモードへと誘ってくれる。するとそれにともなってあなたの血液の中にオキシトシンとセロトニンというふたつのホルモンが分泌されるのだ。人の体をつくりココロを動かすホルモンは約100種類。その中に幸せホルモンという、文字通りココロをハッピーにするホルモンが3種類あるといわれているけれど、驚くことなかれ、なんとオキシトシンとセロトニンはそのたった3種類しかない幸せホルモンのうちのふたつだったりするのだ。そんなオキシトシンとセロトニンに満たされたあなたは、その幸せホルモンたる効力によってハッピーで優しい気持ちになっていく。でも、それだけじゃないんだな。実は温泉というものは1／fゆらぎに満ち満ちていたりするのだ。あなたはご存知だろうか。1／fゆらぎというものを。これは自然界に存在している揺らぎを含んだリズムのようなもので、たとえば川のせせらぎの心地いい音。水面のゆらめき。あるいは風にそよぐ緑の心地よさ。そよ風に含まれた絶妙な風のゆらぎ（そよ風と扇風機の風が同じ風であっても心地よさがぜんぜん違うヒミツは1／fゆらぎを含んでいるか含んでいないかにある！）。ロウソクや焚き火のいつまでも眺めてい

あの濁点付きの「あ〜」って
そもそも、なんなのよ〜？

たくなる心地よい揺れ……ｅｔｃ。そう、実は自然界はそんな１／ｆゆらぎに満ちていて、それは人工的につくれるものではない。で、我々人間は、そんな１／ｆゆらぎを無意識に感じ取ると脳の中がα波という脳波に満たされる。なんと、このα波もまた、サイコーのリラックス状態へと誘ってくれるのだ。そんな１／ｆゆらぎが温泉のどこに含まれているのか。それはたとえば湯船に源泉が投入される心地いい音の中に。あるいは湯船を満たした湯のゆらめきの中に。そしてまた肌を心地よく刺激する湯の浴感の中に。もしあなたが湯に浸かっている浴室が木肌に囲まれた木造だったならば木の空間に響く音の中に。目を心地よく刺激してくれる木目の中に。たとえばあなたが湯に浸かっているのが緑に囲まれた露天風呂だったなら、風景や頬をやさしくなでる風、うるわしい緑の中に、いや、いたるところに１／ｆゆらぎは含まれている。心地いい湯が湯船にざあざあとオーバーフローしながら満たされているように、あなたもまた温泉に浸かることで脳内がα波の掛け流し状態になるというわけだ。ちなみに脳をα波で満たすリラックス効果があるものとして、リフレクソロジーだとか、アロマテラピーだとか、ヒーリングミュージックだとかあるけれども、そういうものと比べても、温泉こそがいちばん脳内をα波で満たすという科学的な実験結果も出ているという。

と、ずいぶんと長々と書いたけれども、あなたが温泉に浸かることで、これだけのことが体の中で起こるというわけだ。まずは湯の浮力や圧力、粘性によってあなたはほぐされ、一発目の濁点付きの「あ〜」を出す。そしてさらに体内では副交感神経モードや幸せホルモン、１／ｆゆらぎたちの屈しがたい魔力によって、あなたはもっと体の奥底から二発目の濁点付きの「あ〜」を出す。出さずにいられなくて、出すわけだ。おわかりいただけただろうか。これが、あの、濁点付きの「あ〜」の正体なのである。

そもそも我々はなんの必要があって
あんなふうに湯に浸かると、いちいち
濁点付きの「あ〜」なんて声を出してしまうのか？

湯口が巨大な古代ギリシャおじさんという珍しさ。愛知県では珍しい鉄分たっぷりの赤湯。そんなダブルの珍しさを楽しめるのが、ここ、「坂井温泉 湯本館」だ。女将のおばあちゃんに湯上がりに「あのギリシャ人はなんなのですか？」って聞いたら、おばあちゃん、爆笑しながら「あれはただの適当な顔よ。誰でもないのよ」とまさかの答えが！　古代ギリシャ人にしか見えないんですけど……。

愛知県「坂井温泉 湯本館」
住所：愛知県常滑市坂井西側1
電話：0569-37-0006
日帰り入浴：500円
一泊二食：9,504円〜
泉質：含鉄（II）-ナトリウム・マグネシウム-塩化物泉

3章

もう、ひなびた温泉しか愛せない

〝現代の時間の外〟へ、自分を解き放とう

ボクはひなびた温泉の魅力を伝える人として、ちょこちょこテレビやラジオに呼ばれたりしているのだけど、そこでよく聞かれるのが「ひなびた温泉ってなんですか？　定義みたいなものはあるんですか？」ということ。これがなかなか困った質問だったりする。だってひなびた温泉の定義なんかないわけで、自分が、わぁ〜、この温泉ひなびているなぁ〜って感じたら、すなわちそれがボクにとってのひなびた温泉なわけで、いちいち定義がどーたらこーたらと考えてなんかいないからだ。でも、それじゃあさすがにテレビやラジオ向けの答えにならない。必ずといっていいほどに聞かれることだからやっぱ答えを用意しておこうと、つらつらと考えて思い至ったのが「現代の時間の外にある温泉」というものだった。現代の時間の外……。うんうん、いいかもしれない。この言葉、もしかしてドンズバじゃないか！

ひなびた温泉は現代の時間の外にある。じゃあ、そもそも現代の時間とはなにか。それは情報で溢れかえった現代の日常の時間だ。それにしても、世の中、いったいいつからこんなに情報で溢れかえってしまったのだろうか。いや、それは問うまでもないですね。スマホ社会の到来。これによってパソコン持たない人でもネットにアクセスできて、SNSがコミュニケーションインフラとなり、そして数えきれないほどのスマホのアプリの情報がアレコレと〝便利に〟いろいろ教えてくれる。こーいうものが出てきてある意味、とても便利にはなったけれども、我々はそれと引き換えに、常になんらかの情報に接しているような過剰な世界に放り込まれてしまった。知りたいことを検索するのはもちろん、天気であれ、世の中のニュースであれ、自分の健康状態であれ、なんであれアプリで瞬時に情報を入手することができる。あるいはLINE、TikTok、インスタグラム、ポイ活、音楽聴き放題のサブスク、漫画読み放題のサブスク、ゲームで遊び放題のサブスク等々、本来ならヒマを持て余しているような時間も、ひたすらスマホの画面に縛られ続けて、なんていうか自分のニュートラルな時間というものを失ってしまったのではないかと思えてならない。つまり、これが現代の時間というわけ。あーあ、今日はヒマだなぁ〜、と。涙目になりながら大きなアクビを連発していたあの日は、もはや遠い過去へと過ぎ去ってしまったのだ。ひなびた温泉はそんな現代の時間の外にある。そこに流れている時間がまったく違う。まるで異なる世界が同時に存在しているパラレルワールドのように。こっちの世界は情報で溢れかえり実にキュークツでせわしない。あっちの世界はそれとは真逆で、のほほんとしていて、なにもかもがユルい。そんな感じ。で、それがたまらないんだなぁ。

ひなびた温泉の、その多くが観光地とは無縁だから、まず、人がわんさかいない。あたりは日本中のどこにもある田舎の風景。里山だったり、田んぼが広がる田園だったり、たとえば、ボクの、とある日のひなびた温泉巡りはこんな感じだ。なだらかな傾斜の名もなき山に囲まれた田園風景の中、トンビがピーヒョロロと鳴きながら、風に乗って小さなグライダーのように飛んでいたりして、そんな風景の中をリュック背負ってテクテクと歩いていく。すると一本向こうの道をおばあちゃんが台車を押しながら歩いてくる。それはまさにのどかな風景の中に主役が登場！　って感じだったので、ボクは脊髄反射的にCanon5Dのシャッターを押す。さっそく撮った画像をカメラの液晶画面で確認すると、そこには胸に染みるような日本の里山風景が切り取られていた。

しばらくすると目的の共同浴場が見えてくる。古びた木造の湯小屋。入浴料金は別棟の母家で支払うようになっていて、誰もいない受付に呼び鈴が置いてある。その呼び鈴の後ろには手書きの文字で「呼びリンです。二回程タタイて下さい。よろしくお願いします。テレビとか冷暖房をつけていると声が聞き取りにくい時がありますので、勝手言ってスミマセン。拝礼」と書かれたボール紙が立てかけられている。カタカナの使い方になんとなく人柄のようなものがうかがえる。きっと気さくな感じのオバサンだろうと根拠もなく勝手に思う。呼び鈴をチン、チーンと2回押すと、本当に気さくな感じのオバサンが出てきた。

古びた木造の湯小屋は、窓や入り口の引き戸だけアルミサッシにリフォームされているけれども、全体的に古びたいい味を出していた。引き戸を開けて中へ入ると、木製の棚と座面が破れたパイプ椅子がひとつポツンとあるだけの簡素な脱衣所。その奥のガラス越しに激渋の浴室が見えている。無骨なコンクリ造りの湯船に黒っぽい湯が掛け流されていて、思わずドキッとする。その湯は、まるで無言でジッとこちらを待っているように見えたのだ。

かけ湯をしてざぶんと湯に浸かる。湯はコーヒーのような色をした浴感ツルツルのモール泉。甘さと油臭が混じった香りが鼻をくすぐる。うん、いい湯だ。と、ひとりつぶやく。目を閉

じて心を無にして、肌にジワジワと浸透してくる源泉の感触だけを感じてみた。温泉でしか味わえない至福。自分以外の誰もいない浴室に源泉が掛け流されるジョボジョボという音が耳に心地よく響いている。窓の外の遠くのほうでトンビがピーヒョロロと鳴く声が聞こえる。なんだろう、この感じ。のどか過ぎて怖い。それにしてもこの湯船をひとり占めする独泉というのは、ホント、何度経験しても幸せ感が薄まらないっていうか、むしろ経験するほどに幸せ感が深まっていくように思う。なぜなのだろう。

けっきょくクールダウンを交えながら40分ほど湯に浸かっていたけれども、その間、誰も入ってくることはなかった。帰り際に誰もいない受付の奥の間に向かって「どうもでした〜」と声をかけてみたが、なにも返ってこない。きっとあのオバサンはテレビでも観ているのだろう。いいんだよ、いいんだよそれで。それでこそひなびた温泉なんだから。

……と、そんな感じに一泊二日の温泉巡りで、だいたい3〜5湯ぐらいの温泉に浸かって帰ってくる。いろんな湯にいっぱい浸かりたいという気持ちと、ひとつの湯にじっくり浸かって湯を堪能したいという相反する気持ちがぶつかり合って、だいたいそのくらいに落ち着くわけだけども、まぁ、温泉に浸かっているときは、ほぼ、放心状態でボォ〜っとしているし、宿（も

ちろん温泉宿ですよ）にチェックインしたらしたで、宿の温泉に浸かったり、部屋でビール飲みながらゴロゴロしたりを繰り返し、基本的にやっぱりボォ～っとしている。もう、チコちゃんに叱られるどころではないほどボォ～っとしている。

せわしいものはなにもない。うるさいものもなにもない。情報洪水とはまったく無縁のおだやかな世界。なんていうんだろう。そこには自分のココロを解き放てる余白がいっぱいある。どこまでものどかな風景の中に、そして、贅沢に掛け流される温泉の湯の中に、自分を解き放つ感じ。普段、溢れる情報に晒されながら知らず知らずのうちに受動的になっていた自分がニュートラルな状態に戻って、思う存分に自分を解き放つことができる。それが現代の時間の外にあるひなびた温泉なのだといいたい。

この「現代の時間の外」っていう感じは、ひなびた温泉の旅から帰ってきて、日常に戻ったとき、たまらなく激しく感じる。ユルやかであいまいだった時間が、たちまち時計に支配されているような時間に変貌する。そんな時間にいやおうなし呑み込まれていきながら「ああ、昨日までいたあの世界は〝現代の時間の外〟だったんだなぁ」と。

で、そこで気がつくんですね。自分のココロがものすごく洗濯されていることに。なんだかスッキリといらんものが落ちているみたいに軽くなっている。のどかでユルい風景の中に、じんわり心地いい湯の中に、自分のココロを解き放ったときに、きっといらんものがココロ

からフワ～っと抜けていったんでしょうね。

　でも、そんなふうに日常に戻って、また、しばらくするとココロにいらんものがたまってくるわけで、まったく、なんなんすかね？　日常って。まぁ、そうなったらそうなったで、また現代の時間の外にあるひなびた温泉を求めて旅に出る。と、たぶんこれは人生終わるまで無限ループなんだろうなぁ。え？　いっそのことひなびた温泉地に引っ越せばいいじゃないかだって？　あー、それ、ホント、マジでたまに本気で考えるんですけどねぇ。でも、やっぱり〝旅人〟としてひなびた温泉に訪れるっていうところがミソなんだろうなぁと思ったりもするわけで。

鹿児島県 吉松温泉郷「前田温泉」
住所：鹿児島県姶良郡湧水町鶴丸1281-2
電話：0995-75-2139
日帰り入浴：200円
泉質：単純温泉

湯だけではなく、エモいオーラにもどっぷりと浸かる

大分県は別府の鉄輪（かんなわ）温泉に「谷の湯」という共同浴場がある。この「谷の湯」の浴室の〝異空間度〟がたまらない。エモい。脳内でアドレナリンがボコボコと沸騰するほどエモいのだ。

もう、ずいぶんと前のことだけど、そんな「谷の湯」の存在を知ったのは、温泉マニアの情報でもジモ情報でもなくて、意外なことに写真家の藤原新也の写真集だった。藤原新也といえば、類い稀な観察眼をもって、時代やコトの本質に、写真と文章で深く鋭く迫っていく、硬派な写真家。ボクも大ファンだったりするのだけど、ただし、藤原さんが温泉好きであるかどうかはわからない。ていうか、少なくとも藤原さんの著作をすべて読んできたボクとしても、藤原さんが温泉を話題にしたことは、その写真集以外に聞いたことがない。

じゃあ、そんな藤原さんがなぜその写真集にかぎって温泉を取り上げたのかというと、藤原さんは思春期の多感な時期を、鉄輪温泉で過ごしていて、その写真集は、写真集であるのと同時に藤原さんの自伝小説でもあるんですね。タイトルはずばり『鉄輪』。

藤原さんが鉄輪に暮らすようになったいきさつはというと、門司港で営んでいた家業の旅館が立ち行かなくなって、破産の果てに家族で無一文で流れ着いた町が鉄輪だった。当時、高校生だった藤原さんは、そんな鉄輪温泉で「谷の湯」を生活の湯として使っていたんでしょう。その「谷の湯」であるときから、背中に観音様の彫り物をした旅芸人と顔を合わせるようになった。おそらく多感でありながらも、まだ何者でもなかった高校生の藤原さんは、自分たちとは別の世界を生きている旅芸人に憧れのようなものを感じたのではないでしょうか。いずれインド、東南アジア、アメリカ、アフリカ、アイルランドと旅をしながら作品を発表していった「旅する写真家、藤原新也」になったわけですから。

で、ある日のこと、その旅芸人に「自分も旅芸人になりたい」といってしまうんですね。そこで旅芸人は「そんなんあかんよ。苦労するだけや」と、若き藤原さんを諭したのだという。「ボン、これからはやっぱり学がないといけんで。がんばるんやで……」と。

谷の湯

ただそれだけのエピソードであるけれども、藤原さんにとって忘れがたい大切なエピソードだったのでしょう。まぁ、そりゃあそうですよね。背中に観音様の彫り物をした旅芸人ですから、さぞかしカタギではない、ただならぬ雰囲気を醸し出していただろうし、高校生が話しかけることだけでも勇気がいったはず。それでもあえて勇気を出して話しかけたということは、当時の藤原さんにとって、そこになにか切実なものがあったのだろうから。

と、まぁ、そんな感じに藤原新也の写真集『鉄輪』に「谷の湯」が登場するわけだけど、そこに添えられていた「谷の湯」の外観写真にボクはハートをズギュンと撃ち抜かれた。なんだこれは？　と。だってその外観はとても共同浴場には見えなかったのだから。どう見てもアパート。それもド昭和なアパートだ。ドラマ『特捜最前線』に出てくる、いかつい刑事たちが、カンカンカンカン！　と、鉄の階段を駆け上がって犯人の部屋へと踏み込んでいった、昭和な安アパートのような（……て、このたとえ、いったい今の時代、どれだけの人に通用するのかな？）。渋すぎる！　そんなアパートにしか見えない建物の中に温泉があるだって？

もう、いてもたってもいられない。すぐさま大分への飛行機のチケットを予約して、宿も手配して、ボクは鉄輪温泉の「谷の湯」目指して旅立った。

別府駅に到着して、まずは、せっかく別府に来たのだからと、とよ常で特上天丼を食べて（とよ常の天丼、うまいんだな、これが！）腹ごしらえして、そのまま6キロほどの距離を歩いて鉄輪温泉へと向かった。

鉄輪温泉は坂道と曲がりくねった路地の道が入り組んでいて、探検ゴコロをプチプチと刺激してくれる、歩いていて楽しい温泉街だ。「谷の湯」は、そんな温泉街のメインの通りを一本逸れて川沿いの路地に入ったところにある。しかもちょうど道がカーブになっていて見通しが利かず、歩いていると、いきなり目の前に現れる感じに建っている。これはねぇ、なかなかのインパクトですよ。なんてったってあの異彩を放ったオーラに包まれた外観ですから。だからここでまずグッときてテンションが上がる。で、そのコーフンが冷めやらぬうちに立て続けにグッとくるのが入浴料の支払い方だった。

いよいよ念願の「谷の湯」への入浴の夢が叶う。でも、ここ、料金どこで払うんだろう？　それらしきものが見当たらなくっ

てキョロキョロしていると、隣の建物に「谷の湯入浴料１００（※当時の値段、現在は１５０円）」と書いた紙が貼ってあった。なるほどここで払うのかと、そこへ近づいていったけれども誰もいない。「すみませ～ん」と声をかけようと思ったその刹那、ボクはそこで意表をつくショーゲキの支払い方法を目にした。無人だと思われた受付から1本の雨樋がこちらに向かってニューッと延びていた。ほら、よくありますよね、グレーの塩ビでできた雨樋。ホームセンターとかでよく売っているアレですよ。アレがこっちにニューッと延びているわけ。つまりそこに入浴料をチャリンと入れて、あとは勝手に温泉入ってねっていうシステムなのである。というわけで、さっそくボクもチャリンとやってみた。すると小銭が雨樋の中をスーッと滑り降りていって、料金を入れるザルにチャリンと落ちた。いいなぁ、このシステム。あの藤原新也もここでチャリンとやったのだろうか。想像してみると、ちょっと笑えた。

中へ入ってみると、九州の共同浴場で多く見られる、脱衣所と浴室が一体となったこぢんまりとした浴室だった。けっこう薄暗い。外が晴れていたからよけいに明暗のコントラストが際立った。薄暗さに

だんだんと目が慣れてきて、そこに現れたのは激渋なひなびた空間だった。年季の入ったコンクリ造りのシンプルな浴槽。小さな蛇口がふたつあるだけの洗い場とおぼしき場所には鏡が貼られてある。でも、あまりに風化したその鏡は、もはや鏡の役割を果たしていなくて、それは〝鏡の痕跡〟と呼んだほうがしっくりとくるかもしれない。そしてなによりも目を引いたのが、浴室の左奥にあったモノだ。浴室はコンクリ造りの簡素なものだけれども、そこだけ、ちょっとした祭壇のようになっていて、ゴツゴツと剥き出しになった岩肌のようなところに、不動明王像が置かれていた。ひなびた温泉において、浴室に神仏が祀(まつ)られていることは珍しくはないが不動明王が祀られているのは珍しい。不動明王といえば、顔は憤怒の表情、筋肉質のムキムキボディ、右手に力強く剣を持ち、背中にメラメラと激しく燃え上がる真っ赤な炎を配した、そんな猛々しい姿からか、武田信玄をはじめ多くの戦国武将が信仰した密教の神様だ。その起源はヒンドゥー教の破壊と創造の神であるシヴァ神だったりするから、戦国武将がそこまで知っていたかはわからないが、戦国武将に人気だったというのも、なにげに腑に落ちますね。

さて、「谷の湯」の不動明王に話を戻すと、この不動明王が薄暗いひなびた激渋空間の中で、ただならぬオーラを放っていた。浴室には窓がふたつある。けれども、ひとつは隣の建物に隣接しているようで、外の光は入ってこない。もうひとつの窓からは外の光は入ってくるものの、浴室の中までは光が届かない。浴室内にも灯りがついているにはいるが、昭和の四畳半一間についていたような頼りない照明器具がついているだけで薄暗い。床も壁も古びたコンクリートの、色彩を失ったグレー一色のハードボイルドな世界。そんな中、赤い紅蓮の炎を背負った古びた不動明王が薄暗い灯りに照らされてこちらを見下ろしているのである。

エモすぎる……

湯船に浸かるとエモさはさらに倍増する。「谷の湯」の湯船はほぼ床と同じ高さだったりするから、高低差があるぶん、〝見下ろされ感〟も高まってくるのだ。そしてまた、ピシッと肌に気持ちよく、ほのかに鉄の香りがするこの「谷の湯」の湯に、このハードボイルドな空間の独特な雰囲気がぴったりあっているんだなぁ。この空間にはこの湯しかない。この湯じゃないといけないんだ、ってぐらいに。それにしても、藤原新也は、こんな異空間度抜群なところで背中に観音様の彫り物をした旅芸人と出会ったのかって思うと、グッとくる。この薄暗くエモい異空間で、無言で体を洗う旅芸人。背中の泡をザバァッと流すとそこに艶かしい観音様の彫り物が現れる。思いつめたような表情でそれを見つめる多感な高校生の藤原新也。そんなふたり

を見下ろす不動明王の像……。

エモすぎる……

そう、それもこれもすべてこんなひなびた激渋空間だからこそ、成り立っている。もしもこの「谷の湯」が、ビジネスホテルとかスーパー銭湯とかみたいな大理石造りのツルツルピカピカの浴室や湯船だったならば、藤原新也の味わい深いエピソードも台無しだ。不動明王の像だって違和感ＭＡＸで浮きまくるだろう。

ひなびた温泉は現代の時間の外にある。それは〝空間〟についてもいえること。ひなびた温泉では時間は現代のようにチクタクと足早に過ぎてはいかない。時間は空間のいたるところに染み込んでいく。床、壁、天井、柱、窓ガラス、蛇口、湯船……。そしてその湯船にはられた湯の中にも染み込んで、ひなびた温泉ならではの名状しがたいオーラを放っている。それにしてもなんなのでしょうね。この時間が染み込んでいるって感じてしまう、思えばフシギな感覚は。いっくら考えてもその正体はよくわからないのだけれども、その味わい深く名状しがたいオーラに自分が完全にヤラレてしまっていることだけはよくわかる。

つまるところ、ひなびた温泉の魅力とは、そのオーラにほかならない。だから、そのゆらめくオーラにどっぷりと浸かる。いや、もう、これはひなびた温泉でなければ味わえないものなのだから、どっぷり浸からなければもったいないんだなぁ。コツは簡単だ。湯に浸かって、あの濁点入りの「あ〜」が出たら、そのまんまあなたも〝無〟になる。ただそれだけ。

すると、ほら、どうだろう。じんわりとオーラを放っている古めかしい空

間、源泉をジョボジョボと注いでいる年季の入った木製の湯口、温泉の析出物がコーティングされているような床、色褪せたケロリン桶……等々、それらのなんともいえないひなびた風情が、ジワジワとジワってくるんだなぁ。つまり、ひなびたオーラにどっぷりと浸かるっていうことは、湯に浸かって、肌にジワジワ効いてくる湯に全身の力を抜いて身をゆだねるのと同じように、ココロを無にして（＝解き放って）、ひなびた風情に自分をゆだねるようにどっぷりと浸かること。これに尽きる。

それにしても、ひなびた温泉のオーラゆらめく風情の正体って、いったいなんなのだろうか？　我々はひなびた温泉のなにに魅了されるのか？

たとえばそれは日本文化に特有な美意識である、あの〝侘び寂び〟に通じているのではないか。いや、きっと……、いやいや、絶対そうに違いない。

日本文化に侘び寂びが登場したのは室町時代のこと。茶の湯の文化は南北朝時代にすでに武家の間で大流行していたけれども、それは侘び寂びとは程遠く、「闘茶（とうちゃ）」という茶を飲み当てるギャンブル的な遊びだったりして、参加者たちは、それはそれは奇抜な婆娑羅（ばさら）趣味の着物なんかをド派手にまとって、茶会の部屋は、侘びも寂びも１ミリもなく、豹や虎の皮や、唐物の茶器や美術工芸品が所狭しと飾られていたという。そんなゴージャスな茶会に真逆な侘び寂びを取り入れたのが最初の侘び茶の茶人、村田珠光（むらたじゅこう）だった。ギャンブルや飲酒を排除し、豪華な唐物の茶器ではなく簡素な和物の茶器で一期一会の心を通わせる静かな茶会に変えたのである。それを後を継いだ武野紹鷗（たけのじょうおう）がさらに簡素な美として高めて、信長、秀吉といった時の天下人をパトロンとした、圧倒的なチカラを持った千利休がそれを完成させた。まさに珠光、紹鴎、利休のトリプル連携プレイで誕生したのが侘び寂びだったのだ。そんな侘び寂びがこれまでの美意識となにが違っていたのかというと、これまでは派手でゴージャスな豪華絢爛、いい換えるならば〝表面上の美〟がもてはやされていたのに対して、侘び寂びは、そういった表面上の美をいっさい排除して、質素でつつましいものにこそに美があるという真逆の美を提示してみせた。地味で、うるさい主張がなく、非対称的で不格好で、ときにはかけていたりして……。でも、そこには内面から滲み出てくる美があった。余白を感じさせる美があった。それを利休たち侘び茶の茶人は「趣がある」として深く愛でたのである。そんな侘び寂びの美意識は、茶の湯だけでなく、その後の絵画、料理、建築、庭園、美術や工芸品等々、日本文化のさまざまなジャンルに多大なる影響を与えることになった。

え～これ以上、侘び寂びについて語っていると、ボクのバケの皮がハガレそうになってくるんで、このへんにしておいてですねぇ、まぁ、そんな侘び寂びの美とひなびた温泉の味わいは似ている、いや、似てるというよりは通じているって思うのですね。侘び寂びの美が表面的な美ではなく内面から滲み出てくる美であるように、ひなびた温泉の味わいもまた滲み出てくるものなのだから。

滲み出てくる……。

そう、滲み出てくるのだよ。ここ、たまらなく重要なポイント。たとえばよくある和モダンのラグジュアリーなデザイナーズ温泉ホテルなんかあるじゃないですか。星○リゾートみたいなのが。そーいうのに限って「侘び寂びの美」だとか、「余白の美」だとか、これみよがしにうたっていたりするけれど、そんなのを見ると自分の中のリトル利休が（だ、誰よ？　それ？-）思わず叫び出すんですねぇ。いったいどこがやねん！　って（で、なぜ、関西弁？-）。

いや、確かに一見、そーいうのって、そーいう感じに見えたりもしなくはないんだけれども……。なんていうか、なんにも滲み出てこないんですよ。それらはやっぱり、ほら、ほら、オシャレでしょ？　ラグジュアリーでしょ？　と、どうだ！　といわんばかりのジャンジャカジャーンって感じの美でしかない。ジワリジワリとくるものがないんだなぁ。なぜなのか?

それはやっぱり、そういうものは人間の手だけではつくれるものではないんですねぇ。長い時間の堆積があってこそのもの。時間というものは流れていくだけではない。それは降り積もり、そこに堆積し、あるいは染み込んでいく。我々がひなびた温泉のオーラにジワジワと感じるものは、そこに染み込んだ〝時間〟を感じているにほかならない。

侘び寂びの先駆者となった利休たちだけれども、それは利休たちが新たにつくり出した美意識というわけでもなかっただろう。さらにいえば、それは、あの時代、日本人が侘び寂びという新しい美意識を受け入れたというよりは、あらかじめそういう美意識を受け入れる〝素地〟が、きっと我々日本人の中にあったのだろう。感度の高い利休たちはそれを〝再発見〟して、わかりやすく示してくれたのだろう。侘び寂びとひなびた温泉のオーラに、思わずおんなじ通奏低音を聴き取ってしまうのも、そこらへんにヒミツがあるのではないだろうか。利休たちが見いだした侘び寂びは、やがてそれをもっと突き抜けて、真冬の寒々しい枯れ枝にこそ趣を感じる究極の侘び寂びっていうべき「冷え寂び」に到達した。この美意識は今でいうところの廃墟マニアの感覚に通じているかもしれないですね。

最後に、もう一度繰り返す。ひなびた温泉に来たならば、湯だけではなく、ココロを無にして、エモいオーラにもどっぷりと浸かろう。これがひなびた温泉の醍醐味。

でも、利休たちだって今だったなら侘び寂びを感じるものに「趣がある」なんてまどろっこしいいい方ではなく、JKみたいに「これ、エモい!」なんていっているに違いない。そんな利休たちの嬉々とした姿が眼に浮かぶ(それ本当かよ! 自分にツッコっむ……)。

大分県 鉄輪温泉「谷の湯」
住所:大分県別府市鉄輪北中1組8
電話:なし
日帰り入浴:150円
泉質:塩化物泉

いらっしゃ〜い！

東のラスボス

北海道 濁川(にごりかわ)温泉「新栄館」

浴室全体が、ひなびを超えたボロさが強烈なオーラを放っている。これぞ長い時間をかけて熟成されたボロビューティの極みだ。湯は熱めで鼻をくすぐるライトなアブラ臭がクセになる。ここはとくに深夜の入浴がハズせない。長い時間が染み込んだ新栄館のボロビューティな浴室空間は人が寝静まった深夜にその輝きをいよいよ増すのである。

濁川温泉
新栄館

住所：北海道茅部郡森町濁川49
電話：01374-7-3007
日帰り入浴：400円
一泊二食：7,500円〜
泉質：ナトリウム–塩化物・
炭酸水素塩泉

エモすぎる！

東西のラスボス温泉

西のラスボス

鹿児島県 指宿（いぶすき）温泉「村之湯温泉」

「新栄館」がボロビューティならば、こちら「村之湯温泉」は激渋な超レトロ。かすかな硫黄臭と金気臭が混じった魅惑の香りの湯を足元湧出で堪能できる。男湯には島津斉彬、女湯には西郷隆盛の肖像画が掛けられていたりして、ああ、薩摩藩だなぁとなんだかタイムスリップしたような気分になってくる。

住所：鹿児島県指宿市大牟礼3-16-2
電話：0993-23-3713
日帰り入浴：350円
泉質：ナトリウム-塩化物泉、アルカリ明ばん泉

ひなびが

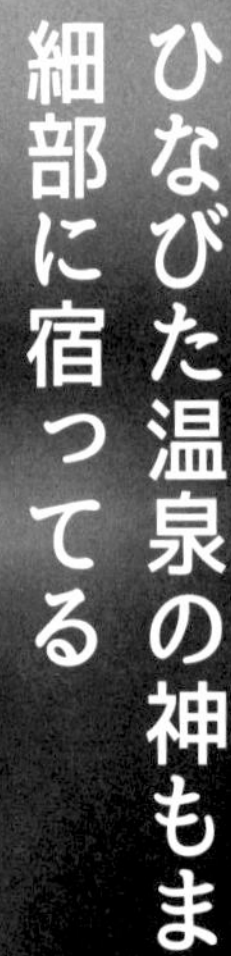

ひなびた温泉の神もまた、細部に宿ってる

そう、そうなんですよ。ひなびた温泉の神もまた、細部に宿ってる。じわ～んとオーラを放っているそのひなびた浴室空間も、細かいところに目を向けて見れば、そう、そこにも小さなひなびがじわ～んとオーラを放っている。まるでフラクタル幾何学の関係性のごとく。

というわけで、この章ではひなびた温泉の細部（ディテール）にスポットをあてていきたい。さてさて、じゃあ、なにからいきますかねぇ。やっぱりトップバッターですからね、〝つかみ〟のあるものがふさわしいっていうことで、ライオンさんからいきましょうかネ。はい、トザイ、トーザイ！　レトロな浴室のシンボル、アイコニックなライオンさんたちをゴショウカ～イ！

細部がオーラを
じわ～んと
放っているん
だよぉ～

ライオンさんたち

ライオンっていえばサバンナに君臨する百獣の王である。学術的には「哺乳綱食肉目ネコ科ヒョウ属」に属している。でも、ここで取り上げるライオンさんたちはそっちではない。いうなれば「温泉綱浴室目ネコ科湯口属」に属するライオンさんたちである。彼らのなにが素晴らしいかっていうと、いわずもがなで、口から惜しげもなく源泉を出してくれることである。いや、それはもう、出してくれるどころではなく、朝から晩まで、場所によっては24時間休まずずっと出し続けてくれるのだ。スゴくないっすか？　それって！　もー、感謝しかない。

熊本県 植木温泉「公衆浴場松の湯」
正統派イケメンのライオンさん。

鹿児島県 紫尾（しび）温泉「旅籠しび荘」
神の湯と呼ばれてきただけあって、なんだか神秘的なライオンさん。

長野県 鹿教湯温泉「町・高梨共同浴場」
温泉成分がこびりつき顔に渋みが増してきたナイスミドルなライオンさん。

長野県 鹿教湯温泉「ふぢや旅館」
ライオ……ん？　ライオンじゃないぞ。牛か？　いいえ、鹿とのことです。立派な角があったそうですけど、取れちゃったとのこと。ちーん。

やっぱり、タイル

え〜、タイルといえば、それが公衆浴場や温泉旅館へ普及しはじめたのが昭和の戦後ぐらいからのことで、まさしくタイルは時代にうまくスポッとハマった。それはタイルという新素材がもつふたつの特徴によるものだったことはいうまでもない。ひとつは衛生的管理のしやすさ。耐久性と耐水性にすぐれ、汚れも落としやすい。浴室という、ある意味、建築素材にとって“過酷な場所”に、タイルはうってつけだった。そして、もうひとつはその装飾性。タイルを貼っただけで、そこは庶民にはまだ新鮮だった“洋の空間”に様変わりする。さらに飾りタイルの組み合わせでその装飾性は無限に広がっていく。浴室のタイル空間の登場は、当時はさぞかしハイカラモダンなものだったのだろう。それが、それが、今では一周まわっちゃってネ、温泉においてはすっかり昭和レトロの代表格のような存在となったわけで、実に感慨深いではないか。なんだかもう、目頭が熱くなっちゃうねぇ。

岩手県 巣郷温泉「でめ金食堂」

温泉に入れるユニークな食堂だけど、タイルも実にユニークだ。やっぱりでめ金をモチーフにしたデザインなのかな？ 今のところ、ナゾ。

神奈川県 箱根湯本温泉「大和館（大和旅館）」

ここは貸切風呂が大小ふたつあって、どっちもタイルがレトロで素敵なんだけど、とくに小の貸切風呂がレトロかわいい。ほら。でしょ？

長野県 小谷(おたり)温泉「大湯元 山田旅館」

いやぁ〜、カッコいいタイル。ヒトメボレしちゃいます。今ではこのタイル、手に入らないので、普段はマットを被せて保護していますよ。

和歌山県 夏山温泉「もみじや」

シンプルレトロな感じがいいですね。湯船のフチの曲線もナイス。こちらは男湯。女湯も淡いピンクのタイルでチャーミングですよ〜。

山形県 瀬見温泉「喜至楼」

これはもう文化財レベルといいたい！　ひなびとレトロとゴージャスのトリプル攻撃を仕掛けてくる喜至楼のローマ式千人風呂。

長野県 角間温泉「越後屋旅館」

壁のタイルをよく見てみて。コウモリをモチーフにしたデザインタイルなんです。これぞレトロハイカラモダン。日本一カッコいいお風呂のタイルだ！

静岡県 熱海温泉「竜宮閣」

レトロな温泉街、熱海ですからねぇ、タイルだってレトロ萌えするレベル。ナイスなタイル画。そして天井までタイル張りという珍しい浴室。もー、お腹いっぱい！

静岡県 熱海温泉「竜宮閣」

女湯だって、ほら、スゴくいい感じでしょ？　和風の鯉のタイルとヴィーナスという、ギャップ感がある組み合わせもス・テ・キ♡

神奈川県 箱根湯本温泉「萬寿福旅館」

タイルはもちろん、浴室全体がステキで惚れ惚れしちゃいますねぇ。扇型の湯船は末広がりの縁起物。入浴すればご利益あるかもしれません。

神奈川県 箱根宮ノ下温泉「月廼屋旅館」

湯船の底をよく見てください。なんと、なんと、ヌードなんです。エロ〜い！　そしておおきなアレがそそり立ってます。デカ〜い！

析出物

源泉が溢れ出る湯口や湯船のフチにこびりつくように堆積した温泉の成分、あるいはまた温泉によって変色した床や壁……。それらは断じて汚れなんかではない。味わいである。いい泉質であることの証でもある。そして、それらを、ひなびた温泉の神が宿った“聖痕”なのであるといったとして、いったいなんの不都合があるだろうか。ありがたがるべし。崇め奉るべし。至上の悦びを感じるべし！　べし！　べし！　べし！

群馬県 赤城温泉「御宿総本家」

鹿児島県「テイエム牧場温泉」

島根県 湯抱（ゆがかい）温泉「中村旅館」

島根県 温泉津（ゆのつ）温泉「薬師湯」

和歌山県 花山温泉「薬師の湯」

長野県 松代（まつしろ）温泉「松代温泉公民館」

湯の華、その他もろもろ

湯の中に温泉の華が咲く。かくして人々はそれを湯の華と呼んだ。う〜ん、ファビュラスな感性ですねぇ。湯の華が湯の中にゆらゆらと舞っているのは源泉掛け流しならではの証。うれしい華なんですわ〜。

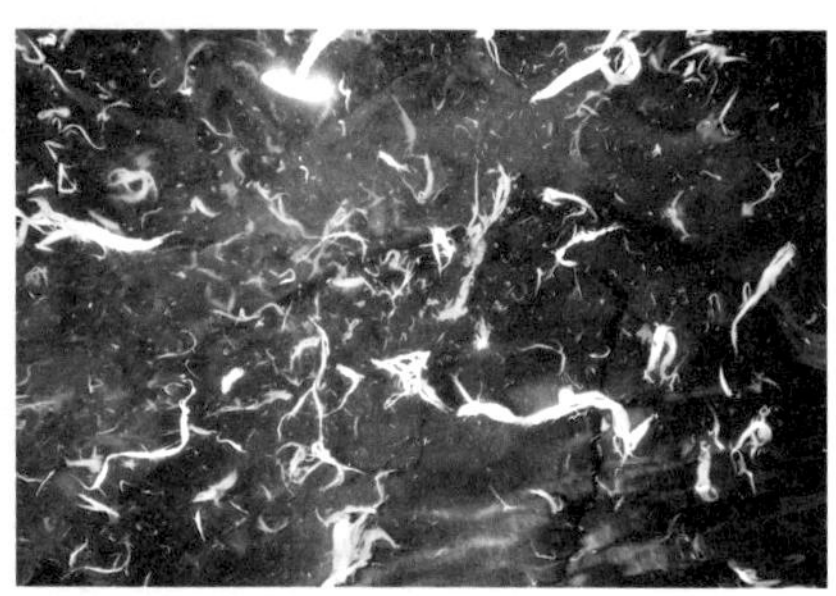

和歌山県　湯の峰温泉「伊せや」
まるで汲み上げ湯葉みたいな湯の華（女湯）。

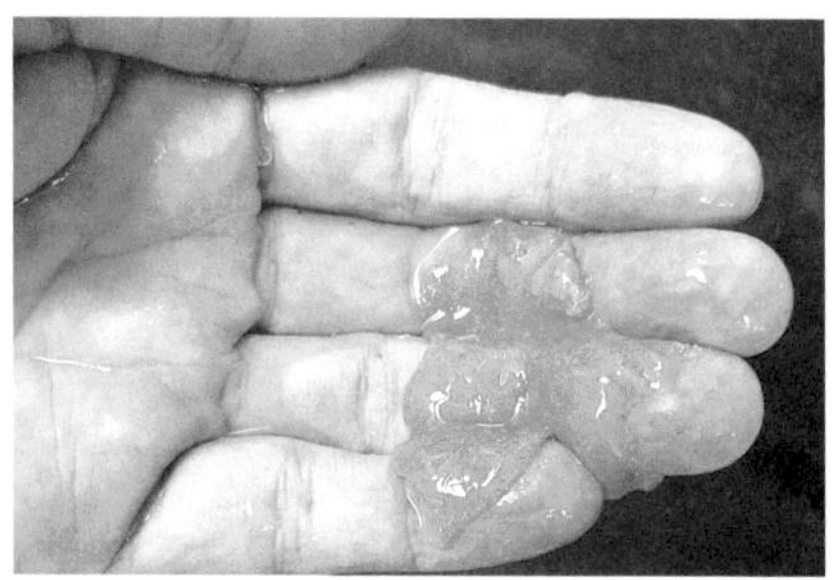

山梨県　西山温泉「蓬莱館」
通称、黄金の湯の華。全国的にも珍しい。

長崎県　小浜温泉「脇浜温泉浴場」
圧倒的な存在感の古い木製ロッカー。

茨城県　湯の網温泉「鹿の湯松屋」
湯の効能を説明した古い効能書きも味わい深い。え？　脳に効能があるの？

ひなびた温泉の湯桶といえばケロリン率高い！

ひなびた温泉では、薬缶までも、なんだか味わい深い。

ココロにすっぽり入り込む、つつましい温泉街たち

その温泉宿に電話して泊まりたいと告げると、「あの〜、うちの宿のこと、ご存じですか？　食事も出せないし、古い宿なんですよ」と、電話に出たおばちゃんが申し訳なさそうにいった。その瞬間、気に入った！　我が直感が「迷わずそこに泊まれ」と自分に司令を下す。川内（せんだい）高城（たき）温泉、梅屋旅館。素泊まり専門で、なんと一泊2600円（2017年時点）。共同浴場の隣というロケーションもうってつけだったし、なによりもおばちゃんの人柄が瞬時に感じられたからだ（こういう直感が大切。勘違いの独りよがりであろうとも）。

当日、川内高城温泉に到着したのは夜の8時頃だった。バスを降りたら、目の前が梅屋旅館。そもそも、バス停の名前が、そのまんまの「梅屋前」。でも、だからといってすぐに梅屋旅館の玄関を開けるのも、なんだかそっけないので、ちょっとそこら辺を歩いてみた。でも、ちょっと歩いたら、温泉街は途切れて、すぐに真っ暗になったので、引き返す。梅屋旅館の玄関を開けて「すみませ〜ん」と声をかけてみる。

「お待ちしてました〜」と女将が明るく迎えてくれた。あ、あの声だ。あの、電話に出たおばちゃん声だった。

案内されたのは一階の奥の部屋だった。玄関から長くのびた廊下の先の赤い階段を上ったところ。梅屋旅館の玄関を開けた時から長〜くのびた廊下の先に古びた階段がある、そのシチュエーションにそそられて、なんだかうれしくなった。

部屋にはすでに布団が敷かれていた。コタツと布団でいっぱいになるような広さだったけれど、ま、2600円なんだから、ぜんぜんオッケーです。さっそく熊本駅で買っておいた、おべんとうのヒライの「肥後味彩牛カルビ重」

をいただく。うまいわ〜、このお弁当。

腹ごなしをすませてさっそくお風呂へと向かう。薄暗い蛍光灯に照らされた薄暗い浴室。昭和の明るさだ。そこにタイル張りの浴槽が鈍い光をかすかに放ってジッと照らされていた。湯船はちょっとレトロなタイルの湯船がシンプルにひとつあるだけ。

湯は無色透明で軽い硫黄臭。水色のタイルがきれいに映えていていい感じです。かけ湯をしてして湯に浸かってみると、トロリとしたいい浴感。これが評判の川内高城温泉の湯か。よしよし。明日の湯めぐりが楽しみだ。

翌朝、温泉街を散策しながら湯巡りをしようと、外へと出たとたん、ボクは一瞬、固まってしまった。え？　こ、ここは、映画のセットか？……と。

時が止まってる。いやいや、ここ、ちょっと、時が止まりすぎていませんか⁉

いやはや、昨夜ちょっと歩いたときにはわからなかったけれども、川内高城温泉の温泉街は、あまりにひなびていて現実感が薄らいでくるほどだった。端から端まで歩いてもあっという間に歩けてしまう、２００メートルにも満たないほどの小さな温泉街。でも、そのひなび度数は、歩いていると、ひなび酔いしてしまうほどに、たまらなく濃い。これはほとんど、ひなびのテキーラだ。思わず意味もなく温泉街を3往復ぐらいしてみたけれども、その感動はまったく薄まらなかった。こんな温泉街がまだ日本には残っていたんだなぁ。さすがは鹿児島である。

さて、まず向かったのが川内高城温泉町営共同湯である。まぁ、向かったといっても、梅屋旅館のすぐお隣さんだけど。

川内高城温泉町営共同湯、ほれぼれするような、ひなびた趣がある。映画のセットかと思わせるほどの、この温泉街の中でいちばん映画のセットっぽい。看板の矢印が指す路地を入るとすぐにのれ

んがかかった入口がある。無人の受付にある料金箱に200円をチャリンと入れて、暖簾をくぐる。おお〜、「男湯」と書かれた、なんだか昔の木造の小学校の表示板みたいなのにグッとくる。脱衣所と浴室が一体化していて、浴室は一段下がった感じになっている、九州の典型的な公衆浴場のスタイルだ。

湯船はレトロタイルでふたつに仕切られていた。地元の人っぽい先客さんがいらっしゃって、その方が入っていないほうの湯船に入ろうとしたら、先客さんがこっちに向かって、

「あ、いきなりそっち入るの？」と。

「え？」とボク。

「熱いよ〜、そっちは」と、先客さん。

先客さんが教えてくれたとおり、仕切られた奥の湯船はめっちゃ熱くて、手前は適温だった。適温に入ってから、めっちゃ熱湯の肌にビシビシくる感じを楽しみ、ふたたび適温の湯船に。

先客さんはやっぱり地元生まれの人で、しばし湯につかりながら、いろいろとおしゃべりを楽しんだ。聞けば、ここ、川内高城温泉街で生まれ育ち、社会人になってからは隣の県の熊本で暮らしていて、最近、ふたたび帰ってきたのだとか。

この共同湯の近くにある神社が子どものころの遊び場だったそうで、この前、ひさしぶりに神社に行ったら、子どものときに野球をして遊んでいた境内が、ええ？って思わず驚くほどの〝猫の額〟のような狭い場所だったってことを、なんとも感慨深げに話してくれた。

共同浴場を出てから、2軒ほど温泉旅館の日帰り入浴をしてから、なんとはなしにその神社の境内に行ってみた。すると本当に〝猫の額〟のように狭くて、愛おしくなるような境内だった。ちょっとした高台になっているその境内に立って、小さな温泉街を見下ろすと、なんだか胸がしめつけられるような気持ちになった。

川内高城温泉から帰ってきて、せわしない日常に戻るともうそれは遠い過去のように思えてしまう（なんなんですかねぇ、この日常って……）。でも、まぁ、それは温泉旅から帰ってきての、いつものことでもあるのだけれども、ただ、川内高城温泉の場合は少し違っていた。川内高城温泉のあの小さくてつつましげな温泉街は、なんていうか非現実的な浮遊感のようなものをまとった感じで記憶の中にある。そんないい方がしっくりとくるのだ。まるで萩原朔太郎の『猫町』のような、あれは幻だったのだろうかと思える非現実感とノスタルジーがごちゃ混ぜになったようにして記憶にインプットされている。

そして、思えばそれは川内高城温泉だけに限ったことではなかったのだ。

そう、そんなふうに非現実的な浮遊感のようなものをまとった感じでボクの記憶の中にある温泉街はほかにもあった。うん、あった。あった。あったよ、あった。

山間にいきなり隠れ里のように忽然と現れる熊本県の湯の鶴温泉、独自の湯治文化を色濃く滲ませる青森県の温湯（ぬるゆ）温泉、本州最果て感と、目前の津軽海峡のどっぷり演歌的情緒に浸れる、同じく青森県の下風呂温泉……などなど。

思い起こせば、いずれもまた、川内高城温泉の温泉街みたいに、なんていうか自分のココロにすっぽりと収まってしまうようなつつましいサイズ感の温泉街だったりする。よく山間に数軒の温泉旅館がポツポツと点在している小さな温泉郷があるけれど、ああいうのとも違う（あれはあれでまた別の魅力があるけれども……）、そうではなくて、数軒の温泉旅館が狭いところでかろうじて軒を連ねて、なんとかギリギリに温泉街の体をなしているような、つつましい温泉街。そういう温泉街なんですね。そういう温泉街に限って、自分のココロにすっぽりと収まるようにして、記憶の中で非現実的な浮遊感のようなものをまといながら残っている。ちょっとフシギな感覚。

さて、そんな記憶の中にフシギに残るつつましい温泉街として、ボクがその究極だと思っている温泉街が長野県にある。いや、はたしてあそこを温泉街と呼べるのか。冷静に考えると、たぶん呼べないのかもしれない。でもボクはあえてその温泉を「記憶に中にフシギに残るつつましい温泉街」として、しかもその究極のモノとして分類したいのだ。

長野県は長野電鉄長野線の終着駅である「湯田中駅」。駅を出ればそこから湯田中温泉、渋温泉、地獄谷温泉と温泉地が続く。昨今では世界で唯一の温泉に浸かる猿、スノーモンキーが世界的に有名になったおかげで、湯田中駅前は外国人観光客でいっぱいだったりするけれども、そうした賑わいとはまったく無縁なのが、その湯田中駅から歩いて3㎞ほどのところにある角間（かくま）温泉だ。だいたい歩いて1時間。あなたがもしその角間温泉を訪れてみようと思うのならば（マイカーでなければ）、湯田中駅から歩いていかれることを強く強くおすすめする。駅から湯田中の温泉街を抜けて、大きな幹線道路をとぼとぼ歩いて、本当にこんなところに温泉あるのかなぁ？　って感じるあたりで、小さな集落のある坂道に出る。そこを登っていくと角間温泉が目の前に忽然と姿を現すのだ。たった4軒の旅館と3軒の共同湯という実にこぢんまりとした〝温泉街〟であるけれども、あきらかにその一角だけ時が止まっている。いや、止まっているっていうよりはそこだけ別の異世界があるようなのだ。忽然と現れ、幻のように忽然と消える、まさに朔太郎の『猫町』みたいな。このフシギなインパクトは歩いてきたからこそ享受できるものだ。インバウンド観光で盛り上がった温泉街を、ひとり、あえて外れて、どこの田舎にもあるようなフツーの幹線道路、山間の集落の道をトボトボ歩いてきたからこそ、感じられるものだ。摩訶不思議なウサギの穴に落ちた『不思議の国のアリス』のアリスみたいに、トンネルを抜けて〝神隠し〟に遭った『千と千尋の神隠し』の千尋みたいに、偶然目の前にパカっと口を開けたパラレルワールドへと迷い込んでしまう感覚……。そんな、また大げさだなぁ～って、あなた、思いますか？　いやいやいやいやいや、この名状しがたい感覚はそんなふうに比喩的ないい方でしか、いい表せないんだなぁ。で、たとえ一泊でもそんな角間温泉で過ごした時間は、特別な時間としてずっと記憶に残る。長い時間が経てば経つほどにその記憶は熟成されてかけがえのないものになるのである。で、さらにいうならば、そういうのは、時代から取り残されたひなびた温泉でしかありえないんだなぁ。そんな特別なつつましい温泉街は全国にまだ所々にかろうじて残っているのだろう。ココロの中にそのようなつつましい温泉街の記憶をどれだけ持てるか。これ、幸せのバロメーターになるんじゃないかしらん。

ボクのココロの中のつつましい温泉街たち

長野県　角間温泉

人気の渋温泉を抜けて、外国人観光客で賑わう地獄谷温泉には行かずにルートを右にそれて、２キロほど歩いていくとその一画だけ時間が止まっているような、４軒の旅館と３軒の共同湯、１軒の商店だけの小さな温泉街が唐突に現れる。こんなに小さい温泉街なのに郷愁感はハンパない。共同湯が３つもあるのも思えばスゴい。

住所：長野県下高井郡山ノ内町佐野

青森県　下風呂温泉

本州最北端の温泉街。目の前は津軽海峡。ひなびた漁村に温泉旅館が軒を連ね、イカ釣り漁の季節には夜の海面に漁火がポツポツと灯る、演歌モード全開の温泉街だ。ひなびた漁村の風情、ひなびた温泉街の風情がダブルで楽しめる貴重な温泉街である。

住所：青森県下北郡風間浦村下風呂

青森県　温湯温泉

温湯温泉は古くから湯治の温泉街として親しまれてきた。旅館ではなく「客舎」と呼ばれた宿には風呂はない。そんな客舎は共同浴場を囲むように点在し、湯治客は共同浴場の湯で湯治をするのが往時のこの温泉街のスタイルだった。その面影は今でもそこここに残っていて、ひなびのオーラを放っている。

住所：青森県黒石市温湯鶴泉

熊本県　湯の鶴温泉

バスに乗って山の上の方へと進んでいくと、こぢんまりとした川沿いの温泉郷が忽然と現れる。まるで隠れ里のように。そんな湯の鶴温泉は、もともとは平家の落人が発見した温泉であると聞けば、隠れ里っぽいのも大いにうなずける。まさに日常からの脱出にぴったりな温泉街だ。

住所：熊本県水俣市湯出

よーこそ、人をダメにしちゃう温泉へ

だからさー、ほっといてよ。もー、どうだっていいんだから。オレ、ダメになりたいんだよ……。

はいはい、そ～ですか。そ～ですか。そ～いうとき、ありますもんねぇ、わかりますよ、人間だもの。

というわけでこれから人をダメにしちゃう温泉について話そう。え～、世の中には人をダメにするソファだとかクッションだとかあったりするわけで、ま、つまるところ、それの温泉版というわけ。

でも、なんてったって温泉ですからねぇ、ソファやクッションとはワケが違う。ダメになっちゃって、も～、元には戻れないかもしれないっすよ。そこんところは自己責任でお願いしますということでヨロシクですわ。

さて、人をダメにしちゃう温泉は、まず、いうまでもなく泉質が素晴らしい温泉でなければならない。どのくらい素晴らしければよいのか。それは、もー、世の中のことなんか、どーだってよくなるほど、素晴らしい泉質であること。そして、本書でも、もう何度も触れているけれども源泉の鮮度がよいこと。鮮度が感じられるピュアな浴感がある湯。

でも、たんに泉質と鮮度がよければいいってものでもないんだなぁ。これが。たとえば草津温泉といえば誰もが認める天下の名湯だけれども、草津温泉が人をダメにしちゃう温泉なのかっていうと、ちょっと違う。いや、かなり違う。草津温泉の湯は熱いし、パワフルすぎて長湯できない。草津温泉の湯に浸かって、だからさー、ほっといてよ。もー、どうだっていいんだから～なんていいながら長湯してたら湯あたり必至で、カラダがダメになっちゃう。人をダメにしちゃう温泉のキホンは長湯できる温泉であること。これはもう人をダメにしちゃう温泉の絶対条件。

ずっとそこに浸かっていたいって思えるような、ぬるめの湯。でも、ぬるすぎてもいけない。体温よりもちょっと温かい38℃とか39℃の泉温といったところ。

次に、湯の香り。これもキツすぎてはいけ

ないし、無臭でもいけない。アブラ臭とか金属臭とかクセがある香りでもない。なんていうか、鼻先にタマゴ臭がフワリと軽く香る感じ。あくまでも軽く、天女の羽衣がフワリと鼻先で舞うような感じに。このフワリ具合が大きなポイントなのである。

湯船は浅めで、できればツルツルの触感が肌に気持ちいいタイルなんかが望ましい。

そして、そこはひなびた温泉宿であること。ハイ、ここも重要なポイントなんですねぇ。なぜかっていうと、やっぱり同じダメになるならば、〝現代の時間の外〟で、世俗とは無縁の、そ～いう浮世離れしたような場所で、〝人知れずダメになっていきたい〟わけなんだなぁ。わっかるかなぁ～この感覚。

だから温泉宿も、やっぱり世俗と離れた山間の一軒家の宿。あたかも山腹にへばりついたように建っている古びた宿なんかが理想。そもそもダメになるっていうのは、それはすなわち堕落していくことですよね？　堕落といえば……そう、坂口安吾の『堕落論』。その『堕落論』で安吾も書いていたじゃないですか。人にはもとから堕落の本性がそなわっているのだと。つまり、ダメになるっていうのは人間の本性が欲しているることでもあるんだなぁ。誰もが隠し持っている、めくるめく快楽なわけですよ。アア、あなたとふたりでどこまでも堕ちていきたいわ……っていう昭和のB級メロドラマのアレですよ、アレ（え？　それ、違うって？・）。

新潟、長野、群馬の3県をまたぐ三国山脈の南西端、鼻曲山の山腹に、その宿はまさにへばりついたように建っている。霧積（きりづみ）温泉、金湯館。今となってはまったくもって信じられないけれども、かつてはここら辺一帯は温泉旅館が4軒、別荘が40軒ほど建つ、人で賑わう避暑地だった。伊藤博文、勝海舟、尾崎行雄、西郷従道、岡倉天心、西條八十、与謝野鉄幹・与謝野晶子夫妻、幸田露伴、山口誓子、徳富蘆花、小山内薫、川田順といった、そうそうたる顔ぶれの文化人や著名人が訪れていたのだという。それが山津波によってほとんどが流されて消滅してしまい、被害を免れた現在の金湯館だけが残った。やがて、あたりはそんなことが無かったかのように緑深い自然へと帰っていき、金湯館は深山の中の一軒家の宿として静かに今も営業を続けている。

　そんなふうな、まさに「そして誰もいなくなった」山奥にぽつんと建つひなびた温泉旅館である金湯館。ぜひ、あなたも行ってみてほしいのだ。え？　なんで行ってほしいのかだって？　そりゃあ、あなた。そこでダメになっちゃえるからですよ。いや、ホント、ここに行けばとことんダメになれるのだからねぇ。ダメになってみたいでしょ？　あなただって。

　JR信越本線の横川駅。ここから金湯館の送迎車に乗ることができるので、あなたもそこから乗ろうではないか。だいたい片道約30分といったところ。たかだか30分とはいえ、景色の変化は著しい。駅周辺の市街から、集落を抜けていく一本道、山の中のワインディングロード、そしてたちまち、ここを車で行くのって感じの心細くなるような私道へ。もう、あなたも気分は、ほぼ『ポツンと一軒家』の撮影スタッフだ。

　金湯館に到着したあなたの目に最初に飛び込んでくるのは赤い橋だろう。『千と千尋の神隠し』に出てくる、あの油屋の赤い橋のミニチュア版のような橋。それを渡った先に金湯館の玄関がある。その玄関を入ると、なんとも雑多とした館内。目の前にベタベタといろんな貼り紙が貼られ、いろんなものがごちゃごちゃと置かれた受付。いいじゃないか。それでいい。これぞ昭和の温泉旅館の正しきあり方だ。整理整頓なんか絶対にしてほしくない。

　さて、部屋に案内されて、荷解きをしたあなたは、とりあえず館内や敷地内を探検がてらにウロウロする。建て増しを重ねたいわゆるツギハギ建築の館内はそそる。敷地内にも変わった魚がいる池や、立派な水車なんかもあって、あなたはそれらを興味深げに眺めたりするけれども、次第に飽きてくる。宿の周辺をカメラ片手に散策するも、ただただ山道があるだけでほかになにもなく、ほどなくしてあなたは部屋へと引き返す。チェックインしてまだ30分も経っていないのに、あなたはたちまち退屈に襲われてしまうのだ……。

（それでいい。それでいい。それでこそ、ダメになっちゃう準備が整ったのだといえよう）

探検も散策も飽きて、なにもすることがなくなったあなたの選択肢はもうひとつしかない。そう、温泉へと向かうのだ。さっきの雑然とした受付横のちょっとした廊下を抜けると浴室がある。浴室はタイル張りで中規模サイズの湯船がひとつあるだけ。露天風呂とかはない。こんな山の中にある一軒家旅館なんだから露天風呂ぐらいあっても良さそうなもんだけどなぁ、と、あなたはちょっとがっかりする。

ま、しゃーないか。とりあえず気を取り直してあなたはかけ湯をしようと、桶を片手に湯船に近づいて、そこでハッとする。湯船から湯が絶え間なくザバザバと溢れていて、その溢れる量がなかなかのものであると気がついたからだ。

（どーだい？　ほらほら、たまんないだろう？）

さっそく湯に浸かってみる。無色透明のぬるめの湯。浸かった瞬間、あなたはまるでブラタモリのタモリのように「！」となった。なんだろう、この湯の気持ちよさは。

これまであなたは温泉といえば硫黄の匂いがムワンと立ち昇ってくる白濁した濃厚な湯こそが温泉の王道だと思っていた。だから色のついてない透明の温泉はちょっと物足りないんだよなぁと常々思っていた。ところがこの湯ときたら……、この湯ときたら……、この湯ときたら……、この湯ときたら……。

（そー、そー、そーなんだよ、この湯ときたらねぇ、そんじょそこらの湯じゃないんだよねぇ）

金湯館の湯に身を沈めながら、あなたの認識がグングンと変わっていく。この湯ときたら、この湯ときたら……、とろみがあって浴感ツルツルで、なんて気持ちがいいんだろう。体が溶け出してしまうような絶妙な湯の温度もたまらない。そして気がつけば、たちまち全身が細かい泡に包まれているけれど、なんなのだろう、この泡は。それとさっきからずっと鼻をくすぐるように香っているタマゴのような香りも実にいいなぁ、なんていうか、な

にもかもが絶妙じゃないか……。

全身の力がいい感じに抜けていく。ザァザァとオーバーフローして溢れていく湯の音も耳にすごく心地いい。源泉が投入されているところにコップが置いてあったので、それで源泉を飲んでみると、なんか体に良さそうな感じのものが五臓六腑にやさしく染み渡っていった……。

風呂から上がり、夢見心地で部屋に戻ったあなたは、湯上がりの冷たいビールで喉とココロをうるおしながらフト思うのである。晩メシまでまだ2時間近くもあるじゃないか。別にやることないしなぁ。もう1回温泉入っちゃう？　と。そして軽く苦笑いしながら、あなたはあの廊下を歩いて、ふたたび浴室へ

あなたは、
ダメになっていく…
ダメになっていく…
ダメになっていく…

と向かった。

（お、そーきましたか。うんうん、それでいーのだよ。それでいーのだ。堪能しなさい、気が済むまで、たっぷりと……）

2度目の入浴をたっぷり楽しんだあなたは、部屋で山菜の天ぷら中心のボリューミーな夕食に舌鼓を打つ。とても全部食べきれなかったので、おかずを適当に取り分けておいて、少し時間を置いてから、それをツマミにして横川駅近くの土産屋で買ってきた地酒の小瓶をちびりちびりと味わう。なんとはなしにテレビをつけて、チャンネルを適当に選んだバラエティー番組をボォ〜っと観ているものの、あなたはすでに気もそぞろになってくる。地酒で気持ちよくほろ酔いした心地よさが、無意識の中で、さっきまで浸かっていたあの湯の心地よさの記憶と溶け合っていく。いい湯だったよなぁ。俺、今まで温泉でこんなに感動したことあったっけ……？

（そう、そう、その調子だ。その調子で突き進め！）

もはやあなたはテレビなんか観ていない。あの湯の感触をアルコールでいい感じに弛緩した体全体で思い出していた。頭の中では、「たっぷり時間はあるんだし……」「せっかくきたんだから……」「べつに誰も見てないし……」と。そんな思いが何度も何度もゆっくりと堂々巡りしている。よし！と、あなたは決心して立ち上がる。タオルと部屋の鍵を手に持つ。部屋を出る。

そうしてあなたはこの日、三たび浴室へ向かったのだった。温泉宿に泊まりに来たんだから温泉入ってなにが悪い？　あなたは自問する。そんなの人の勝手じゃないか。みんなだってそうするだろ？　……と。もう、あなたは苦笑いなんかしていなかった。

そうして、その3度目の入浴であなたは完全にダメになったのである。

だからさー、ほっといてよ。もー、どうだっていいんだから。オレ、ダメになりたいんだよ……。ダメにさせてくれよぉ〜。

誰もいない湯船の中で、極上湯がザバザバと掛け流されていく湯の中で、あなたはどこまでも堕ちていった。もう、この湯船から出たくない。世の中なんかどうなってもいい。知ったことじゃない。ボクちゃん、ずっと、ここから出なくてもいいんだもん！

翌日、金湯館をチェックアウトしたあなたはココロに誓うのである。オレは毎年ここに来てダメになろう。そうだ、今度は連泊してとことんダメになっちゃうのもいいかもしれないなぁ。ふふふ。あなたはゆるんだ顔でほくそ笑みながら金湯館を後にしたのだった。

（あなた、あなたさまよ！　人ダメ温泉デビュー、おめでとう！　おめでとう！）

群馬県 霧積温泉「金湯館」
住所：群馬県安中市松井田町坂本1928
電話：027-395-3851
日帰り入浴：700円
一泊二食：13,750円〜
泉質：カルシウム-硫酸塩泉

もー、どうだっていいんだから。
オレ、ダメになりたいんだよ……。

人をダメにしちゃう「人ダメ温泉」へGO!

誰だってダメになっちゃいたくなるときがある。人間だもの。そう、堕落はこの世界に対しての“ささやかだけど大切な抵抗”でもあるのだから、その気持ちを押さえつけてはいけない。だからそんなときには、人をダメにしちゃう「人ダメ温泉」にいって思いっきりダメになってこようよ。

モノホンの船に湯をためた、まさにこれぞ湯船の中の湯船！　この船で堕落の淵へと流されていこう！

栃木県 鬼怒川温泉「仁王尊プラザ」
住所：栃木県日光市鬼怒川温泉大原371－1
電話：0288-76-2721
日帰り入浴：700円
素泊まり：6,150円〜
泉質：アルカリ性単純硫黄泉

オールのない船に乗って、あなたは堕落の淵へと流されていくのね……

薬師丸ひろ子の歌にありましたよね。「ああ〜時の河を〜渡る船に〜オールはない〜流されてく〜」っていう歌詞が。まさにそれ。鬼怒川といえばライン下りが名物だけど、そのライン下りの船を湯船にしちゃった温泉で、そんなことを聞くとB級温泉って思ってしまうが、いえいえ、鬼怒川温泉ナンバーワンの湯と呼び声が高い、100%源泉掛け流しの名湯だったりするのだ。浴感はトロトロ。ほんのり硫黄が香るぬるめの人をダメにしちゃう湯が船の湯船にドバドバと投入されている。まさに夢心地の湯にダメにされながら堕落の淵へ「流されてく〜♫」湯なのであ〜る。

鬼怒川温泉では貴重な100%源泉掛け流し。pH９超えのとろっとろの湯が惜しげもなくドバドバ投入されているから鮮度抜群！こりゃあ、誰だってダメになるわなぁ〜。

眼下には鬼怒川。目の前には緑豊かな山肌が望める。景色に癒やされながらダメになっていけるという贅沢よ！

大阪府「山空海温泉」
住所：大阪府豊能郡能勢町下田尻801
電話：090-7887-0995
日帰り入浴：800円
泉質：不明

知る人ぞ知る大阪の秘湯やねん！トリプル交互浴でダメになっちゃうでぇ〜

大阪ってあんまり温泉のイメージがない。でも、大阪の最北端、兵庫県と京都府の結節点あたりの山間に大阪の知る人ぞ知る秘湯があるのだ。その名も山空海（さんくうかい）温泉。名前だけ聞くとシャレオツな温泉施設を思い浮かべてしまうけれども、現場に行けばそのイメージは秒殺でくつがえされる。シャレオツとは真逆なめっちゃひなびた湯小屋があなたを迎えてくれるのだから。で、ここの湯が硫黄がほんのり香るトロリン湯で、加温した40〜43度の適温湯。加温した32〜36度のぬる湯、ひんやり冷たい源泉そのままで楽しめるのだ。トリプル交互浴の快楽。あるいはココロのトリプル慰安旅行！　気がついたらダメになってしまっているゾ！

大人ひとりでいっぱいなこの小さな湯船。蛇口をひねれば冷たい源泉がジャ〜っと出てくる。これがたまらなく気持ちいいのだ。

中はひなびた外観とは真逆で新しい。実は被災してリニューアルしたんですね。手前の湯船が適温で奥がぬる湯。眠くなるような人ダメ湯ですよ。

大音量のド演歌、小鳥のさえずり、もー、頭が麻痺して世の中どーでもよくなってくるよ～

天井が高いので露天風呂のような開放感があるのが赤松温泉。ここの湯もほのかな硫黄の香りがあるトロトロ湯。しかも熱い湯、適温、ぬる湯、水風呂が楽しめる快楽湯。でも、それだけじゃないんだなぁ。屋根が黄色いテント地なので天気の良い日は外の明るさが透けて空間全体がモア～っと黄色がかっている。そして大音量のド演歌が鳴り響いている。いやいや、それだけじゃないぞ、なんか鳥のさえずりが聞こえるんですけど、これって幻聴？　なんと浴室内で小鳥が飼われている。湯は極上で気持ちよくて寝てしまいそうになるけれど、大音量のド演歌と鳥のさえずり、やけに黄色い空間……。なんだかわけがわからなくて、も～、世の中どーでもよくなってくる。そんなファンキーな人ダメ温泉なのだ。

もー、なんだかわけがわからんけど、いい湯だから許す！
もー、僕ちゃん、どーだっていいもん！

中はモワ～っと黄色い。そこに人をダメにしちゃう湯。
さらに大音量のド演歌と鳥のさえずりが攻めてくる。
たちまち思考回路が麻痺してくるというわけだ。

実践的ひなびた温泉の歩き方

さてさてさて、ここらへんでひとつ、ひなびた温泉を巡る旅のノウハウのようなものを。あえて「〜のようなもの」としたのは、ノウハウっていうほどのもんじゃないし、だいたい旅なんて自由にその人のいちばん気楽な仕方で楽しめばいいわけですから。ただ、ひなびた温泉を巡る旅は観光地の旅とは違うから、観光地の旅のノリで行くと困っちゃうことも出てくるかもしれない。というわけで、この章ではあくまでも参考までにボクの旅のスタイルを書いていきますよ。そうですねぇ、ノウハウっぽさを意識して、アフォリズム風にいきましょうか。

キホン、一人旅。

やっぱり旅は日常からの逃亡ですからねぇ。自由がいちばん。自分のペースで、自分が思うままに、自分が行きたいところに行って、自分がしたいことをする。これですよ、これ。もしもあなたが一人旅をしたことがないのならば、これを機にぜひトライしてみてください。一人旅なのか複数人旅なのか。これはたんに人数が違うということだけではなく、もう、"別モノ"なんですね。なにが違うのか。それはいろいろあるけれども、いちばん違うのは「ココロが洗濯された感」。一人旅から帰ってきたときに感じてやまない、あの「ココロが洗濯されたなぁ〜」っていう感じは格別。自由に気ままに、なににも縛られない旅の間の数日間、ココロもまたニュートラルな状態に戻って安らいだのではないでしょうか。それを経験しないなんて、もったいないなぁ。

リュックにカロリーメ◯トを放り込んで。

旅はなによりも機動力。旅の達人バックパッカーにあえて倣うまでもなく、両手が自由になるリュックで。そしてリュックの中には、もしものときのためにカロリーメ◯トを1箱放り込む。もしものときのため。それは食いっぱぐれること。あるんですねぇ。そういうことが。ひなびた温泉の多くが観光地とは無縁だったりするから飲食店が少ない。宿も素泊まり専門というところも珍しくはないし、ボク自身の温泉旅の基本スタイルが素泊まりだったりもする（その理由は別の項で）。そんなわけで食事できるところのチェックは、あらかじめGoogleマップとかでしっかりしておくわけだけど（定休日はいつなのか。営業時間等々、メシ抜きはキツいっすからねぇ）、それなのに実際行ってみたら休みだった（ガーン！　臨時休業？　廃業？　そこらへんがナゾ……みたいな？）。そんなときのカロリーメ◯トはまさに“神の棒”である。ここ数年ではそこらへんに対しての第六感のようなモノが敏感に働くようになって、駅前のコンビニとかでおにぎりを買って命拾いをすることも少なくはない。

軽量化も徹底的に。なるべく歩いていきたいから重いのヤダもんね。余計なモノはいっさい持っていかない。本も単行本ではなく文庫本。折りたたみ傘はアウトドアブランドの超軽量の傘。

温泉セット。

これはもう必需品。旅館はさすがにタオルやらボディソープやらといったアメニティがあるけれども、ひなびた共同浴場や日帰り温泉施設はアメニティがまったくないなんてザラ。で、そこで活躍するのがアウトドア用の防水パック（写真）。かさばらないし防水だから浴室でも安心。中身はタオルと「髪顔体（かみかおからだ）メンズビ◯レ」と自撮り用スマホスタンドと温度計。この「髪顔体メンズビ◯レ」は重宝する。シャンプーも洗顔も体洗いも1本で済んじゃうんで、それをミニチュアボトルに詰めて防水パックに。それまではシャンプーとボディソープがペアになったトラベルセットみたいなのを使っていただけど、それがちっちゃな1本になったから、これもけっこう軽量化に貢献している。

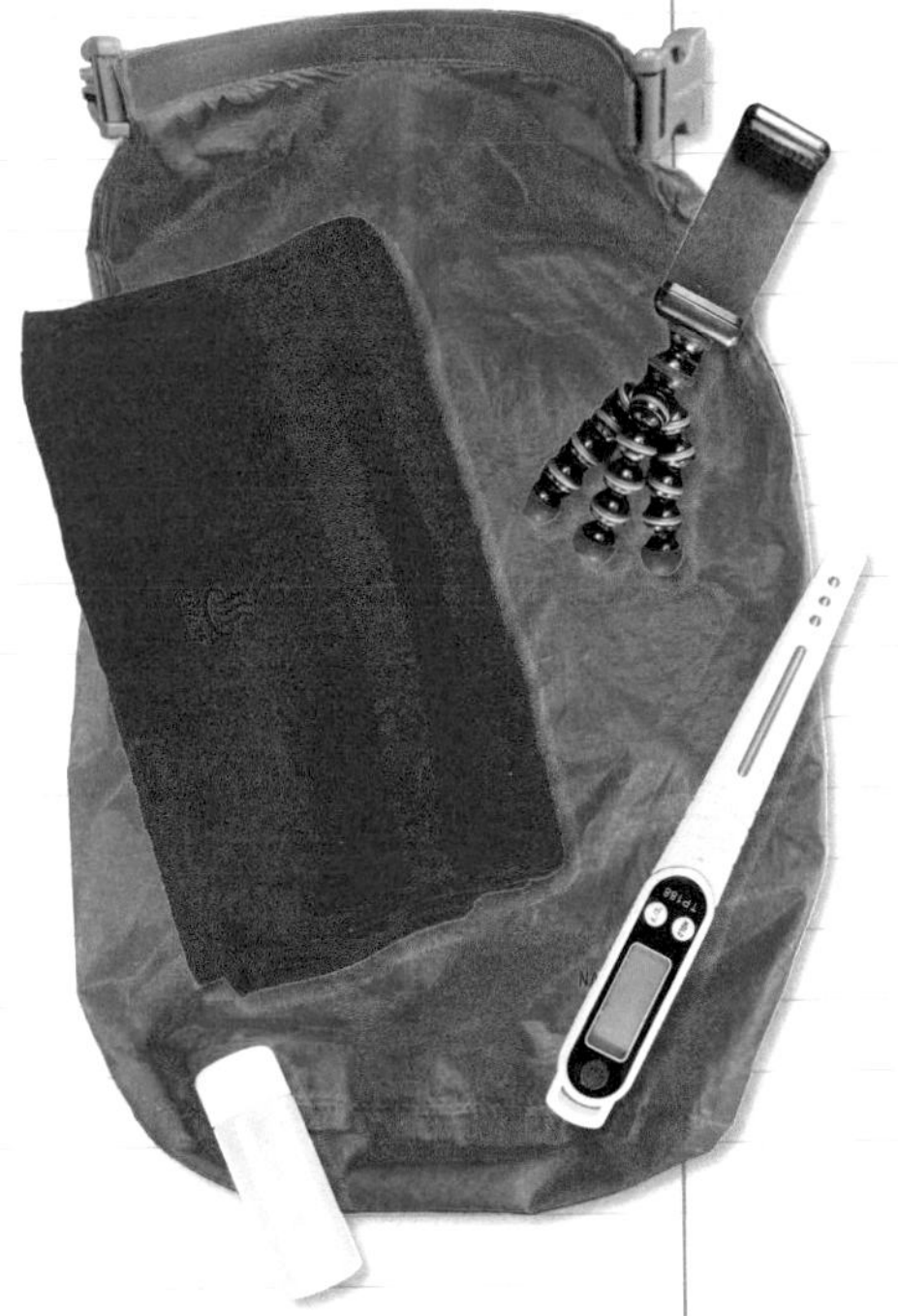

マイお猪口とプラコップ。

やっぱりねぇ、旅先で飲む酒は無条件にうまいですからねぇ、それならそれをMAXに楽しみたいわけ。旅先で買った地酒はやっぱりお猪口でチビチビとやりたい。ビールも缶から直接飲むよりもプラコップ（あのコンビニとかで売ってる行楽用のやつね）にわざわざ移してグビグビプハーッと飲む。たったちょっとの大きな違いなんだな。それと、旅先の駅に到着して、まずはよさげな酒屋で地酒を選ぶ。これまた旅の楽しみですもんね。

Tシャツはドライ。

冬であれ夏であれ、どの季節であれ、服のいちばん最下層はドライTシャツ。これも鉄則。すぐに乾く。これ、温泉をハシゴするとその恩恵がテキメンにわかる。しっかり体を拭いても温泉は体があったまって汗がひかないんですね。綿のTシャツなんか着て温泉のハシゴなんかしたら、グチャグチャになっちゃうから。

目的の温泉を決めたら周りの温泉もチェック！

101ページでも書いたように、ひなびた温泉旅は旅行雑誌やパンフはアテにならない。SNSやマニアのブログなんかで日頃から情報収集してブックマークとかしておけば、気がつけば日本中行ってみたい温泉だらけになる。で、目的の温泉をキメたら今度はGoogle先生の登場だ。Googleマップで目的の温泉の周辺を「温泉」で検索すればいろいろ出てくる。それらを見ていけば「お！　ここいいかもしれない」と直感に訴える温泉がひとつふたつと出てくる。この作業がまた楽しいんだよねぇ。そう、ここでもう旅ははじまっている。ボクはメンドーでやろうやろうと思いつつもやっていないけれども、Googleマップの「Googleマイマップ」機能で自分だけの温泉日本地図をつくるのもいい。それなりの温泉地図ができたら、ひなびた温泉ダーツの旅とかもできちゃうわけだ。

だんぜん素泊まり主義。

常々思うことのひとつに旅館の晩メシというモノがある。いったいなんで旅館の晩メシってどこに行ってもいっても判を押したように会席風なのか（ほら、あの右奥のほうに一人用の鉄鍋なんかがあって仲居さんがチャッカマンでカチッと火をつけてくれるヤツね）。やたら量も多くて、あれだと胃袋の〝酒を楽しむ余白〟が台無しになっちゃうんだよねぇ。正直、飽き飽きして1ミリも感動しなくなっている。いかにもつくり置きを並べてるだけじゃんって感じで、民宿とかの家庭料理に毛が生えたような料理の方がよっぽどうれしいし、得てしてそっちのほうがおいしい。

だからキホン、素泊まりにして近くの居酒屋とかでそこでしか食べられないようなものや好きなものを食べるようにしている。お店の大将に地元ならではのものを教えてもらったりして、それがまた旅の楽しみでもあるんだな。

旅のメシは大衆食堂で。

で、食べ物ネタついでにいうならば旅のメシは大衆食堂。これも鉄則。観光客向けな感じの店はすべて無視（だって高いし、たいしてうまくないもん）。それよりもジモだけが知っている、うまいメシが食える大衆食堂を探せ。これはGoogleマップで「食堂」で検索して、なんとなくその店の口コミとか見ているとなんとなくわかる。でも、あんまり前調べしすぎるのもつまんない。何軒かアタリをつけて、あとは現地に行って店構えを見て直感で判断する。これが楽しいのですよ。勘が当たってジモで賑わう食堂だったときのラッキー感は格別。外したら外したで、その外してしまった自分のツイてなさを楽しむ。それが旅の達人なのだナ。

宿はもちろんひなびた温泉宿を！

目的の温泉が共同浴場や日帰り温泉施設の場合、宿はどうする？　それはもちろんその近辺のひなびた温泉宿でキマリでしょう。なんてったって、ひなびた温泉宿はほぼハズレがない。古い温泉宿は昔ながらの自噴のじか源泉があったりする率が高い。旅館名に「元湯」とか「湯元」とかついていたら狙い目。逆説的にいうならば湯がいいからこそ古くてもボロくても今も愛されながらそこにあるということだ。古い鉱泉宿なんかもおんなじ理由でハズレなし。

湯に浸かったら五感を解き放つべし。

ボーッとしながら温泉に浸かるのと、五感を研ぎ澄ませて温泉に浸かる。これは大きな違いがある。ボーッとしながら温泉に浸かると、たいていの場合、最後までボーッとしている。ふぅ～いい温泉だったなぁ、と。まぁ、それはそれで悪くないんだけれども、まずは湯に浸かって五感を研ぎ澄ます。これがポイント。視覚、聴覚、味覚、嗅覚、触覚……つまりは眼でひなびた味わいや湯の色、湯のゆらめき、湯の中で舞う湯の華なんかを楽しみながら、源泉がジョボジョボ投入される音、オーバーフローしていく音なんかを聴きながら、湯の味なんかを試してみたり、香りを嗅いでみたり、そしてこれがいちばんの味わいどころなんだけど湯の浴感を肌で感じてみる。これらをせわしなくこれみよがしにやったらそーとーに怪しい挙動不審の人になっちゃうけれど、そうではなくって人知れずさりげなくやるのだ。なんていうか五感を空間や湯の中に解き放っていくような感じに。そうすることで、たんにボーッとしながら湯に浸かるよりも、よりその湯のよさがわかってくるんだなぁ。で、その湯を全身で楽しみながら、最後はボーッとする（そう、けっきょく最後はボーッとする。湯に中ではボーッとするのがいちばんですからね）。

これをいろんな温泉で何度もやっているうちにあなたの肌センサーの感度も確実に上がっていくのである。

天然温泉よりも天然な温泉

ボクが愛してやまない温泉のジャンルに「天然な温泉」がある。ま、ジャンルっていっても勝手にこさえたジャンルなんですけどね。え？　「天然温泉」なんて全国どこにでもあるわけでそんなのジャンルにならないだって？　いやいや、そーじゃないんですよ。「天然温泉」じゃなくって「天然な温泉」。ほら、天然と温泉の間に「な」が入ってるでしょ？

え～、「天然な温泉」とはなんであるか？　よく、芸能人とかで天然キャラっているじゃないですか。古くは具志堅用高とか西村知美。現代ならば綾瀬はるかとか、滝沢カレンとかってところですかね。おもしろいですよねぇ、天然キャラの人って、コメントとかも突拍子もなくて。いつも見事にハズしてくれる。

で、「天然な温泉」というのは、そんなふうにキャラが天然な温泉のことだったりする……って、いきなりいわれてもわかんないだろぉ～なぁ。まぁ、ひなびた温泉っていうのは観光地の温泉旅館みたいに商売っ気満々なのとは真逆で、やる気がないわけじゃないんだけど、ガツガツしていないっていうか、大らかなんですね。いわゆるマーケティングとは無縁。そんなもん、どっか別の星でのことだろ？　って感じなのだ。

温泉旅館も競争激しいからマーケティング戦略にのっとってバリバリにやっているところが少なくはない。でも、これ、ボクもずっとマーケティングの牙城みたいな広告業界にいたからよくわかるんだけど、マーケティングっていうのは、さまざまな統計やら消費者のアンケートやグループインタビューとかというマーケティング調査からなにがウケるのかを捻り出すわけで、いってみれば〝想定内の戦略〟だったりする。けれども、ひなびた温泉はそういうのとは無縁だったりするから、マーケティング戦略的な視点で見ればありえないことがありえてしまうのである（つまり、そこが天然というわけで）。まさに想定外のヘンな温泉（え～、この場合においての「ヘン」とは愛情表現であることをご理解いただきたく。念のため）なのだ。たとえば……（次のページに続く！）。

ええ？　2秒以内に通れって、どーゆーことよ？

手づくり感満載のカオスな無人浴場。それだけでも圧倒されるけれども浴室へと至る回転扉は100円入れれば開く仕組み。でも、そこを2秒以内に通らないと……！！！

大鶴温泉「夢想乃湯」
住所：大分県玖珠郡玖珠町帆足299-1
電話：なし
日帰り入浴：100円
泉質：単純温泉

浴場はちょっとした岩風呂風。100円で源泉掛け流しのいい湯に入れるなんて、さっすがは大分県だ！

手作り感満載のバラック小屋。なんかそそりますネェ。ミョーなゆるキャラみたいな人形が置いてあるところも気になるなぁ。

中に入るといきなりカオス！　ここだけではなく、あっちにもこっちにも所狭しと人形やら置物やらパネルやらポスターやらが……。

浴室へは入浴料金100円を投入口に入れるとこの回転扉が開く。なかなかのハイテク？　なにやら貼り紙がいろいろありますけど。

なぬ？　お金を入れて2秒以内に通り抜けないとドアがまわらないだって？　失敗したらお金が返ってこないだって？　えらいこっちゃ！

キミも、あなたも、み〜んなこのマネキンに招かれてやってきた？

あ、怪し〜い！　でも、このマネキンが全国から人を招いているというのだ。ていうことは今ここにいる自分も招かれたということか？　そして、その温泉ときたら、まるで……養殖プール？

これ、温泉なの？　なんかの養殖曹にしか見えないんですけど……。ところがところが、浸かってみたらめっちゃいい湯じゃありませんか！

「永和温泉みそぎの湯」
住所：愛知県愛西市大井町浦田面686
電話：0567-31-0146（吉野屋）
日帰り入浴：300円
泉質：ナトリウム-炭酸水素塩・塩化物泉

どっこにも温泉なんて書いてないし、建物がなんか怪しげなんですけど……？

近づいて中を覗くと怪しさ大爆発！　そしてセンサーが反応してピンポーン、ピンポーン！　と呼び出し音が止まらない。た、助けてー！

チョー手作り感マックスのバラック小屋。スゴいところにきちゃったけど、“みそぎ料”も払ったからには、もー、後には引けません。

どーやらここは某宗教団体の信者専用の温泉なのだとか。一般の人もこの祭壇の箱の中に“みそぎ料”を払えば入れる。強引な勧誘とかもないのでご安心を。しっかし、この怪しさ、シビれるなぁ。そうそう、大切なことをいい忘れた。ここの教祖さまによるならば、あの怪しいマネキンは人を招（マネ）く力をもっているそうで、みんなあのマネキンに招かれてここにやってきているそうのなのだ。っていうことは、自分も招かれてここへやってきたってこと？

ビニールハウスしかないんですけど温泉どこですか？

田んぼの脇にポツンとビニールハウスがあって、なんとものどかな、ザ・日本の田園風景。なんか気持ちものんびりしてくるなぁ。で、温泉はどこにあるんですか？

中に入るとちゃんと温泉だ！　しかも湯がザバザバと溢れているじゃないですか！　この温泉、ヤバ〜い！

「八九郎温泉」
住所：秋田県鹿角郡小坂町小坂大森平58
電話：なし
日帰り入浴：寸志
泉質：カルシウム・ナトリウム－塩化物・炭酸水素塩・硫酸塩泉

え？　あのー、温泉どこです？　ビニールハウスしかないんですけど……

ハイ？　これが温泉っすか？　そーいわれればよく見ると湯小屋みたいになっている。男湯って書いてあるし。ビニールハウスの温泉。マジッすか！！！

この貯金箱みたいな木の箱に寸志を入れる。チャリーン。

まさかのビニールハウスの中に浴感シュワッシュワの極上がドバドバ掛け流し！　心の底の底から感動していいっすか！！！

入り口の通路、狭！！！
そしてお湯、熱！！！

この温泉、しっかりとGoogleマップを見ながらでも、入口に気づかず通り過ぎてしまうかもしれない。だって……入り口の通路狭すぎるやん！　しかも狭い上にけっこう長い。閉所恐怖症の人はちょっと無理かもね〜。

東郷温泉「寿湯」
住所：鳥取県東伯郡湯梨浜町旭404
電話：0858-32-0039（理容シミズ）
日帰り入浴：200円
泉質：含弱放射能-ナトリウム-塩化物・硫酸塩泉

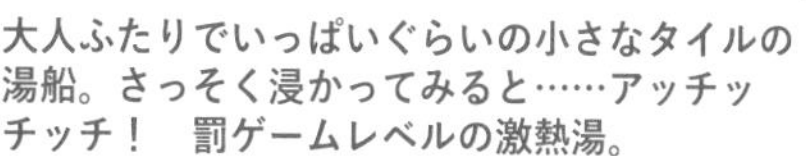

あれれ？　地図だとここらへんなのに入口が見当たらないなぁ……。
よく見てくださ〜い。そこにありますよ〜電柱の隣に、ほら。

これが入口？　狭！　なんでこんなに狭いのよ？

わかりますか？　この狭さ！　幅60センチちょっとしかないんですねぇ。マツコさんとかだったら、ムリ！　しかもこの狭い通路、8メートルぐらいもあるわけで、閉所恐怖症の人は叫び出すレベルかも。

熱さをこらえて、なんとか湯に体を沈めると、鮮度のいい湯であることが肌を通してわかってくる。もちろん源泉掛け流しだ。いやぁ〜、あんな狭い通路を通った先に、こんな名湯があるなんて、おもしろいなぁ。

ありえへ〜ん！　湯船が水没って どゆこと？？？

目を疑う光景とはまさにこのこと。だって湯船が水没した浴室なんて見たことありますか？ でもその理由を知れば感動するよ♡

庄川湯谷温泉
住所：富山県砺波市庄川町湯谷235
電話：0763-82-0646
日帰り入浴：500円
泉質：ナトリウム－カルシウム・塩化物泉

浴室へ降りていくと二度見間違いなしの衝撃の光景が！　だってだって、湯船が水没しているんだから！　いったいなにがどーすればこーなるわけ？

これぞ正しきニッポンの旅館って感じだけど、それもそのはず、もともとは旅館で今は日帰りのみの温泉施設になっている。

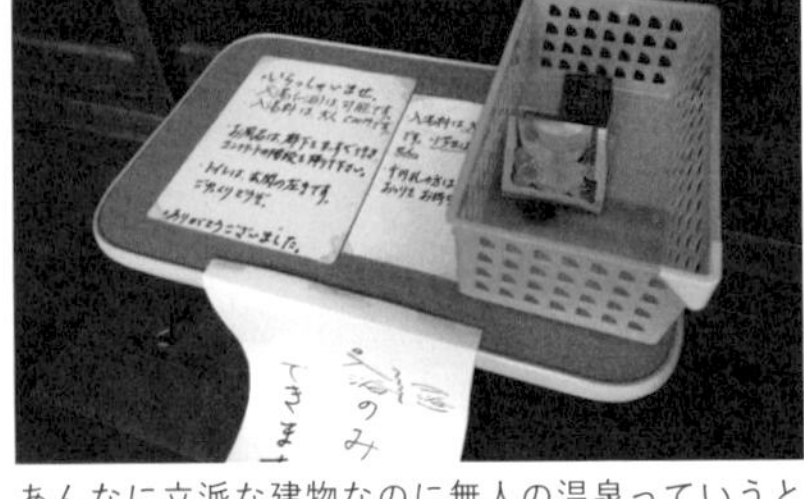
あんなに立派な建物なのに無人の温泉っていうところがなんだかフシギ。お金はこのプラスチックのカゴに入れるというシステム。いや、システムってほどじゃないけど。

ここは源泉を自然湧出のままに投入しているらしくて、もともとは普通の湯船だったのが、温泉が湧き出す量が増えてきて、ついに排水機能が追いつかずこうなっちゃったとか。つまりそれだけここはドバドバの掛け流しってことなんですね。

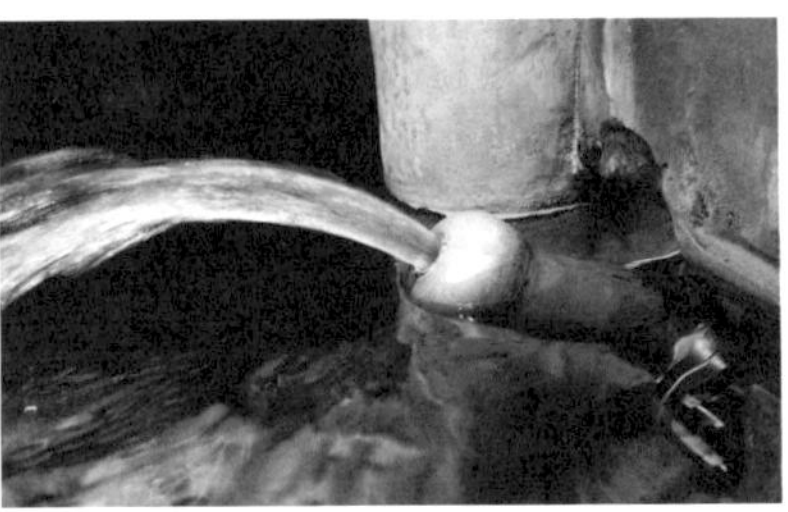
で、おもしろいのがこの湯口。なんていうか、見た目がチン！　この湯口、上下に可動式なんだけど、女湯とシーソーみたいにつながっていているんですね。

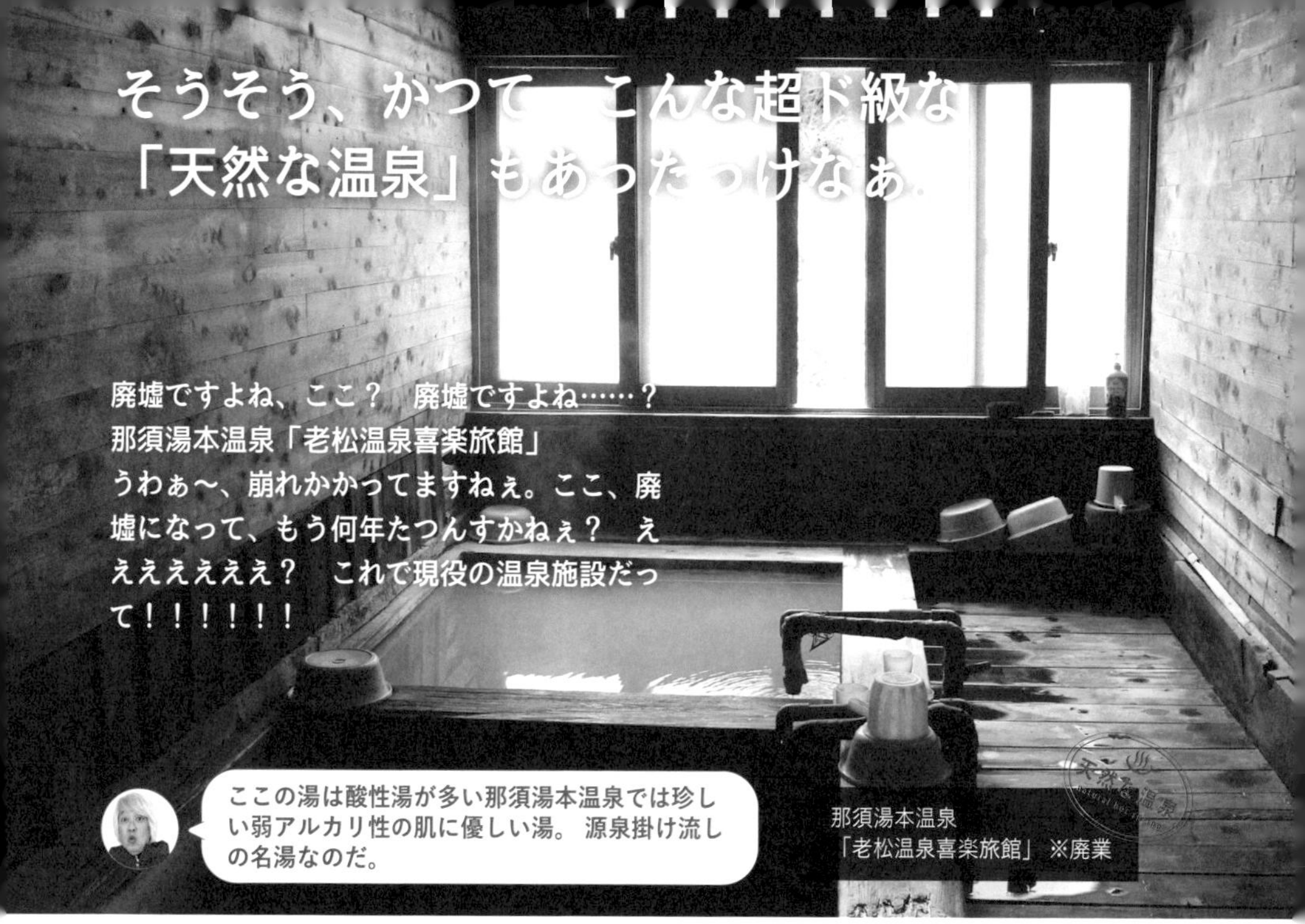

そうそう、かつて　こんな超ド級な「天然な温泉」もあったっけなぁ

廃墟ですよね、ここ？　廃墟ですよね……？
那須湯本温泉「老松温泉喜楽旅館」
うわぁ〜、崩れかかってますねぇ。ここ、廃墟になって、もう何年たつんすかねぇ？　ええええええ？　これで現役の温泉施設だって！！！！！！

ここの湯は酸性湯が多い那須湯本温泉では珍しい弱アルカリ性の肌に優しい湯。源泉掛け流しの名湯なのだ。

那須湯本温泉
「老松温泉喜楽旅館」※廃業

衝撃の光景っていうか、フツーは、ふ〜ん、廃墟ねぇ。って通り過ぎちゃうわけだけど、いえいえ、これで現役で営業中の温泉だっていうんだから、ほとんど意味わかんないですよね。

中に入ってもボロボロ。天井も壁もヤバい。だいじょうぶなの？　崩れちゃわない？　と、恐る恐る浴室へと向かう。

うわ〜、ホントだ、ちゃんと浴室がある。破れた暖簾。座面がなくなったソファ。何気にこのソファ、ミッドセンチュリー家具っぽいところが、なんか笑えるなぁ。

そもそもなんでこうなったの？　ご主人が体を壊して、建物の修繕に手が回らなくなって、どんどんボロくなっていった。しかも濃厚な温泉ほど建物を傷める。でも、湯がいいからお客さんはやってくる。気がつけば、こうなってしまったというわけ。

ぜ〜んぶ、ひな旅が教えてくれた

ひなびた温泉を求めて東へ西へ。気がつけばあっという間に全47都道府県を踏破していた。いや、べつに47都道府県を踏破しようとしたわけではないっていうか、そういうことは意識せず、ただたんに行きたいひなびた温泉を追いかけていたら、けっこう、たやすく47都道府県を踏破していたというわけ。どこへ行っても温泉があるという温泉大国日本をあらためて実感した。これがもし、ひなびた温泉じゃなくって観光地的な温泉だったとしたらそうはいかなかったんだろうなぁと思うし、あらためて日本はどこ行っても温泉がある、さすがの温泉大国であるっていうことを実感せずにはいられない。

それにしても……と、思わずにはいられないのは、ひなびた温泉旅（以下、愛を込めて「ひな旅」と呼ぼう）という楽しみに出会ったおかげで、ボクの人生の後半がどれだけ豊かになったことだろう。いや、豊かっていったって、お金とかじゃないですよ。そっちじゃなくてココロ。ひな旅をしながらひなびた温泉の魅力はもとより、それにまつわるいろんなモノやコトがココロの栄養になったのですね。

そもそも旅ってなんなのだろう？

たとえば詩人のT・S・エリオットはこんな言葉を残している。「旅とはどこかにたどり着くことが重要なのではない」と。あるいはスウェーデンでいちばん読まれている旅雑誌『ヴァガボンド』の創業者でもあるジャーナリスト、ペール・アンデションは、ヨーロッパでベストセラーとなった自著『旅の効用』でこんなことを書いている。「目的地に至るまでの過程が旅の重要部分なのだ。目標、目的地に集中しすぎると旅に満足できなくなる」と。

そう、旅というものは目的地があってのものだけれども、重要なのはそこじゃあない。これ、実は古今東西のいろんな人がいっていることでもある。賢人の老子も、哲学者のパスカルも、作家のスティーブンソンも、詩人のゲーテも。そして、カリスマ実業家のスティーブ・ジョブズだって、同じようなことをいっていた。そういえばムーミン谷のスナフキンだっていつもいってたじゃないですか。「ぼくは孤独になるために旅に出るんだ」と。彼にとっての旅とは、もはや目的地ではない。クールだなぁ。

そう、そうなんですよ、旅において目的地は決して主役じゃないんですね（なんてったってボクなんかではなく、古今東西のスゴい人たちがそういってるんですからね）。ボクのひな旅も、確かに目的地はひなびた温泉であるけれども、でも、それは主役というよりは旅の〝動機〟であり、気分的なことをいうならば、ひな旅におけるひなびた温泉とは、旅の過程の中にぽつんぽつんと打たれた〝素晴らしい句読点〟のようなものなのである。

旅とはなにか。やっぱりそれは日常からの脱出を楽しむ。これに尽きるのではないか。ひな旅はその楽しみを惜しげもなく与えてくれる。ひなびた温泉にハマる前まではボクも観光旅行とかに行ってたりはしていたけれども、今にして思えばアレはいったいなんだったのだろう。だってねぇ、観光地、とりわけ人気の観光地なんかは人でいっぱいなわけで、日常からの脱出っていうよりは、むしろ日常よりもはるかに人でごった返していたりするところへ、自ら進んで突撃していくみたいなところがあったわけで、まぁ、いろいろとそれなりに見応えはあるものの、なんだかヘトヘトになって帰ってくるみたいな。それはそれなりに楽しかったこともあったし、そして思い出だってできたけれども、今また、そういう旅をするかと聞かれたら、即答でノーですねぇ。ま、卒業ですよ、そーいう旅は。

ひなびた温泉はそれまで観光地の旅しか知らなかった自分にたくさんのことを教えてくれた。

たとえばひな旅は「自分が風景の中にいるよろこび」を教えてくれた。まず前提として、ひな旅ではなるべく歩くことをおすすめしたい。目指す温泉まで車で行って、そしてまた次の温泉目指して車を走らせる。確かに楽チンだし、温泉も効率よく、たくさん巡ることができる。でもねぇ、車を降りて、ちょっと歩いてみてほしいんですねぇ。ひなびた風景の中を。

そう、風景の中を歩くということ。それを感じてほしいんだなぁ。それというのも、普段、我々はほとんどそういうことを意識しないわけで、風景といえば眺めるものだと思っている。

観光地とは無縁なひな旅はおうおうにして風景も地味なもの

だ。のどかな田園や里山といった、どこにでもある田舎の風景。そんな風景の中をリュックを背負いながらのんびり歩いていくわけだけど、日差しの暖かさとか、気持ちよくそよぐ風を肌で感じたり、その風にそよぐ木々の葉っぱなんかをボォ〜っと見ながら歩いているうちに、自分が〝生きた風景の中〟に入り込んで、その一部になっていることに気がつく。ちょっと不思議な感覚をともなって。これは歩いているからこその気づきなのだろう。車から見る景色は、どこまでいっても眺められた景色なのだから。でも、歩いているとそれを感じることができる。また、旅人であるということも無関係ではないはずだ。日常から解放された、ある意味、〝地に足がついていない状態〟だからこそ感じ取れるもの。旅人のレジェンドというべき放浪の俳人、松尾芭蕉や種田山頭火の俳句なんかは、きっと自分もすぅ〜っと風景の一部になって、それを五感で感じたからこそ詠める俳句だったのではないだろうかと確信的に思えちゃう。そうでなきゃ、あんな俳句詠めません。

ひな旅における「自分が風景の中にいるよろこび」。そんなのは、人がごった返す観光地の旅ではまず気づくことはできないって思うんだなぁ。

たとえばひな旅は「体が記憶する旅」を教えてくれた。

これもまた歩くということと大いに関係があるのだけど、ひな旅の道中、なんでもない里山風景の中を歩いているとき、そののどかさ、深呼吸したときの気持ちいい感じ、あるいは暑さや寒さ、足の疲れ具合等々、ちゃんと体が覚えている。だから、旅から帰ってきてから、数年たっても、そのとき歩いた場所の地図なんかを見ると、それがありありと蘇ってくる。あまりの暑さに汗が噴き出す感じ、たまらず駅で買ってリュックに放り込んであったペットボトルの水を、頭からザバザバかけたときの生き返った感じ、頭皮で感じた冷たい心地よさ、足の筋肉の張り具合とか、道端でむしゃぶりついたおにぎりのうまさ、胃袋のよろこび具合、鼻腔の奥で感じた、しっとりとした海苔の香りとか、とにかく五感で感じたいろんな体の記憶が蘇るのだ。それだけではない。足の裏で感じた坂道の角度や、その眼で眺めた、その先のなだらかな丘の地形や、峠を越えたときの、あぁ、ひと山歩いて越えたなぁという感覚も、まさに五感で感じた地形のアンジュレーションも体の記憶に残っている。そしてそれらは体の記憶の中に色褪せずにストックされていく。理屈の記憶じゃなくって体の記憶。わかりますかねぇ？　この違いを。まぁ、そういう記憶が体の（脳のですかね？）どこかにストックされていけばいくほどに、地図を見るのが楽しくなっていく（Ｇｏｏｇｌｅマップでさえも！）。これはねぇ、もー、至福以外のナニモノでもないわけですよ。歩いて旅してホントよかったってココロの奥底から思えるのだから。

たとえばひな旅は「自由でなければ旅じゃない」ということを教えてくれた。

沢木耕太郎さんといえば、彼もまた「深夜特急」という紀行文学の金字塔を打ち立てた旅人のレジェンドにほかならない。で、その沢木さんこんなことをいっているのだ。「人は旅をする。だが、その旅はどこかに在るものではない。旅は旅をする人が作るものだ」って。う〜ん、実にシビレるじゃないですか。そう、旅は自分で自由につくるモノ。ガイドブックをなぞっていくモノではない。でも、ここんところ重要なんだけど、自分で自由につくるっていっても旅のプランはできるだけスカスカのほうがいい。そのほうが旅ならではの思いもよらないコトを受け入れる〝余白〟ができる。ま、急いでいるわけでもなし。ここはひとつ寄り道していこーか、って感じに、自ら思いもよらないコトに飛び込んでいけるわけですよ。だから、旅の道中の予定が朝から晩までがビッシリなんていうのは論外。予定なんて立てたら立てたで、その通りにならないとストレスになるだけ。むしろ、旅の思いもよらないコトによって、予定がガラガラと崩れていく、その〝ガラガラぶり〟を楽しむぐらいじゃなければね。

ひな旅の場合は、ガイドブックなんかに載らない場所がほとんどだから、そもそも予定を立てようがない。ここに到着したら、しばらくはテキトーにぶらぶらしてから宿に向かう。あそこに到着したらぶらぶらしながらメシ屋を探そうかな。と、そんな感じ。目的地と目的地の間はすべて「テキトーにぶらぶら」といってもいいかもしれない。だって、テキトーにぶらぶらするのは旅人の特権ですからね。

たとえばひな旅は「いい宿とはなにか」を教えてくれた。

あ、え〜とですねぇ、ちょっとこれから暴言吐きますね。このヤロー！　なぁ〜にがジャパニーズおもてなしだよ。このヤロー！　え？　仲居さんがずらりと並んでお出迎えだって？　そんなもんいらねーよ！（※あくまでも個人的見解です）そんなのされたら間違いなく、踵(きびす)を返して猛ダッシュで逃げるね！（※あくまでも個人的見解です）え？　一度しか泊まったことがないのに仲居さんが名前を覚えてくれてるだって？　キモくねーか？（※あくまでも個人的見解です）不自然すぎるだろーが！（※あくまでも個人的見解です）え？　いらっしゃいませじゃなくて、おかえりなさいだって？　もはや意味わかんねーよ！（※あくまでも個人的見解です！）

いやいや、スミマセンねぇ。でもですねぇ、キホン、放っておいてほしいんですよね。こちとら日常から脱出してきた、〝どこの誰でもない旅人X〟なんですから、なんていうか、「あなたさまを気遣ってますよ」的なやつ、いらないんだよなぁ……。

その点、ひな旅の場合はそーいうのがないから実にお気楽だ。たとえば予約していたひなびた温泉宿に到着して、玄関をガラガラっと開けても誰も出てこないことは珍しくない。ごめんくださ〜い！　って呼びかけてもシ〜ンとしたまま。さらに声を張りあげてごめんくださ〜い！！！　って呼びかけたら、背後から、あら、お客さんかい？　っておばあちゃんの声が。ごめんなさいねぇ、ちょっと畑に行ってたもんでねぇ。と、どうやらそのおばあちゃんが女将さんだったたっていうパターンとかって、あるあるだったりする。滞在中も、かしこまったよそよそしいおもてなしなんて、いっさいなし。宿の人とのテキトーな会話がテキトーに生まれて、ときには盛り上がり、ときには盛り下がる。大衆食堂の客あしらいに慣れたおばちゃんと会話している感じ。そーいうのが、こっちもいちばん気持ちが楽なわけ。

そんな気楽な宿だからこそココロからくつろげるし、こっちも思うぞんぶん〝旅人X〟であることを楽しめるわけですよ。で、そーいう宿は整然としていない。張り紙やらポスターやらがあれこれベタベタ貼ってあったり、なんだかよくわからないモノが雑然と置いてあったり。いーじゃないですか。なんかユルくて。1ミリのスキもなく片付けられ整然とした宿なんてねぇ、そりゃあ、くつろげませんから。

たとえばひな旅は「こういうのが幸せなんだろうなぁ」ということを教えてくれた。

ひな旅をしていてちょくちょく思うことがある。ため息っていうと、普通は「気が滅入るからため息ばっかりついているんじゃない」とか「ため息をつくと幸せが逃げる」なんてことがいわれたりもして、ネガティブなものとして扱われることが多い。かくいうボクも「ハァ〜、世の中、せちがらいよなぁ」とか「ハァ〜、人生やりきれないよなぁ」って感じにそういうため息を少なからずついてきた。だから「幸せが逃げる」って感覚もよくわかるし、むしろ、それを誰がいったのかは知らないけれども、うまいことというなぁと感心してしまったりもする。

いや、なんで、いきなりこんなふうにため息の話をしたのかというと、ひな旅をしていると、よ〜くため息が出てくるんですよ。ところがそういうときのため息ってネガティブじゃないんですね。なんていうか、自分の中にたまっていたガスが抜けていくような感じ。気持ちが浄化されていくようなため息が出る。「ハァ〜、いい天気だなぁ」とか「ハァ〜、のどかで平和だなぁ」とか「ハァ〜、たまんないなぁ、この湯は」っていうふうに。いわゆる幸せのため息っていうやつですかね。

いい温泉に浸かると体中のタガが外れていく感じになるけれども、それをいうならば、ひな旅自体が体中のタガを外す旅だといえるだろう。自由気まま。目的もユルいから慌てたり焦ったりすることがない。人気の観光地みたいに、ゴタゴタしていてうるさいこと、疲れること、これみよがしなもの、わざとらしいもの、押し付けがましいもの等々、ひな旅はそういったものとは無縁だから旅をしていくうちに、だんだんと脱力していって体中のタガがひとつ、ふたつ、みっつと外れていく。そうすると「ハア〜」っと出てくるというわけ。とくにひなびた温泉宿で温泉三昧を楽しんでいる合間、部屋でゴロゴロしているときなんかに「ハァ〜、幸せってこういうことなんだろうなぁ」と。そんなときの、そうだよなぁ〜、幸せってそんなもんかもなぁって思う瞬間の力が抜けた感じがたまらなくいい。そして自分が確実に幸せを感じていることがわかる。そういうのって、やっぱ、幸せっていうものは本来自分の中にあるものなのだということを如実に物語っているんじゃないですかねぇ。ひな旅がそういうことをココロから気づかせてくれるのは、やっぱりひな旅が現代の時間の外の旅だからだろう。せわしなくいろんなことが押し付けがましい現代の時間の中ではわからない。外に出てこそわかるんだなぁ。

今日からキミもアナタも湯五郎だ！

男がその温泉郷を訪れたのは5年ぶりのことだった。温泉郷といっても里山に囲まれた田園風景の中に温泉旅館がぽつんぽつんと3軒あるだけの、誰も知らないような温泉郷だった。男はそのうちの2軒には泊まったことがあったが、集落のいちばん奥まったところに建つ地味な雰囲気のその旅館の湯だけ、まだ未湯だった。今日はずっと気になっていたその湯に浸かりにやってきたのである。

福丸温泉旅館と小さな看板が控えめにかかげられたその旅館は、建物もいい感じに古びていて、渋いとはいかないまでも、それなりのひなびたオーラを放っている。玄関にかけてある手書きの文字の看板に「日帰り入浴やってます」と書いてあるので、玄関の引き戸をガラガラと開けて「ごめんください」と声をかけてみる。客の気配はあまり感じられない館内。上がり框(かまち)にはくたびれたスリッパがきれいに並べられてある。しばらくすると人のよさそうなおじさんが出てきて「入浴料は５００円ね。お風呂はね、この廊下を突き当たって右のところにありますから」と口数少なく案内してくれた。

入り口に「ゆ」と染め抜かれた年季の入った藍染めののれんがかかっていて、男はしばしそれを眺める。中へ入ると、浴室は地味ながらも湯船の周りに自然の岩が配置されていて、ちょっとした岩風呂っぽくなっている。そこに無色透明の源泉がジョボジョボと掛け流されていた。湯に浸かってみると悪くない。ほんのかすかな硫黄の匂いが鼻先に感じられた。ジワジワと湯が体に効いてくるのがわかる。全身の力が気持ちよく抜けていく。そこで男は心の中で、ゆっくりとこうつぶやいたのだ。

ほぉー、いいじゃないか。
こういうのでいいんだよ、
こういうので……。

ん！　そのセリフ、どっかで聞いたことがあるぞ。そう思ったあなたの勘は正しい。そう、人気の飯テロドラマ『孤独のグルメ』の井之頭五郎のセリフである。同名漫画を原作としたドラマ『孤独のグルメ』は、そのほとんどが個性派俳優・松重豊が演じる井之頭五郎の心の中のつぶやきで構成されているといってもいい、あらためて思えばずいぶん変わったドラマだ。

そもそも、なぜ井之頭五郎は心の中でつぶやくのか？　それが本書の最終章のテーマである。え？　ひなびた温泉の話じゃないの？　な、なんで井之頭五郎なのよ？　しかもつぶやきだろ？　なぜつぶやくかだって？　知らねーよ。どーだっていいよ、そんなこと！

いやいやいや、まぁ、落ち着いてくださいな。そりゃあね、なんてったって最終章ですからねぇ、ひなびた温泉をめいっぱい楽しむための極意なんかを総括的にお伝えしたいわけなんですよ。で、ここはやっぱり漠然とした抽象的な話で終わらせたくない。具体的に、そっかそっか、そーやって楽しめばいいのか〜と、みなさんの腑に落としたい。

そこで井之頭五郎なのである。てなわけで、もう一度問おう。なぜ井之頭五郎は心の中でつぶやく・の・か？

井之頭五郎の楽しみはひたすら「うまいメシ」を食うこ

とである。そして、たかが昼メシだなんて思わない。いつもそこに全力を注いで挑む。で、これこそがまさに井之頭五郎の真骨頂なのだけど、彼はうまいメシを食うために自分の直感のみで勝負する。グルメガイドやテレビのグルメ番組なんか見向きもしない。評判の行列の店も興味なし。あくまでも自分の直感のみ。まず全体的な店のツラがまえを見定めて、それから店の名前や、のれん、メニュー、貼り紙といったディテールに目を移して、さらには店の中をちょっとのぞいて……と、そして判断を下した彼は心の中でつぶやく。**この店、もしかして、もしかするんじゃないの？** と。そして勝負に出る（店の扉を開けて中に入っていく）。席についた彼は今度はメニューとの格闘をはじめる。**おいおいおい、こりゃまたド直球の中華じゃないか。そうだよ、俺の五臓六腑はそういうのを期待していたんだよ……。**

そうして頼んだものが運ばれてきて期待通りのものだったならば、**おー、これは、ジャジャーンじゃないの？　まさにこれ、これ。俺、もしかして、いきなり大吉引いちゃったのか？**

彼のあの心の中でのつぶやきはなんなのか。それは真剣勝負の証にほかならない。たとえばだ。彼と真逆な人間を想像してみよう。そういう人はメシなんてそこそこの味でいい。いちいち真剣に店なんか選ばないわけだ。昼メシ？　なんでもいーや。あれこれ考えるの、メンドくせーし。お、あそこに「なか卯」があるじゃん。じゃ、今日は「なか卯」でいっか。……って、そんな人がいちいち心の中で「ほぉー、いいじゃないか。こういうのでいいんだよ、こういうのでさ……」なんてつぶやくなんてありえないわけで。

真剣勝負だからこそ、思わず心の中でつぶやいてしまう。そしてもうひとつ指摘するならば、心の中のつぶやきは正直であるということ。考えてみてほしい。声に出したつぶやきならばウソをつく人もいるだろうけど（思ってもないことをいう人とかね。いますよね、そーいう人）、心の中のつぶやきでウソをつく人がいるだろうか？　ていうか、心の中のつぶやきでウソをつくなんて不可能なわけだ。

彼は「うまいメシ」を食うためにいつも真剣勝負をする。真剣であるがゆえに、それはいちいち心の中のつぶやきとなって現れる。しかし心の中のつぶやきであっても、それは言語化されたアウトプットにほかならない。アウトプットは彼の心へとフィードバックされ、それがまた彼の直感をより強いものへと育んでいくのである。そもそもだ。井之頭五郎お得意の「ほぉー、いいじゃないか。こういうのでいいんだよ、こういうので……」というセリフ。「こういうのでいいんだよ」なんていう言葉はそれなりの経験値の高さがないといえないものなのだ。だって「こういうの」がわかるようになるためには無数の「こういうのじゃないもの」を経験しなければ「こういうの」がどういうものなのかわかりようがないのだから。このセリフがスルッと自然に心のつぶやきとして出てくるようになれば、もう、一人前というわけだ。

ここまで話せば、もうお分かりいただけたのではないだろうか。井之頭五郎のまさにこの一軒一軒のメシ屋との対決姿勢こそが、ひなびた温泉の楽しみ方に通じる、ていうか、通じるどころかそのまんまなのである。

ガイドブックや旅行パンフとかに載っていないひなびた温泉は前情報が乏しい。けれどもまさにその情報不足こそ、ひな旅の楽しみどころだったりする。情報が足りない。すなわちその分は直感に頼るしかない。そう、井之頭五郎のように。

さて、ここでひとりの架空の男を登場させようではないか。男の名前は井之頭湯五郎。あ、井之頭五郎じゃありませんよ。よく見てくださいね。五郎のアタマに「湯」が付いた、井之頭湯五郎だ（以下、まぎらわしいので湯五郎とする）。

たとえばあなたがまだ未湯のひなびた温泉に出会い、心をときめかせる。しかし真剣勝負に浮かれた心は無用。冷静な判断の邪魔になるだけだから。そんな場合、湯五郎ならば自分をいさめるために心の中でこうつぶやくはずだ。**「焦るな、俺。どんな温泉だって一生に一度の温泉なんだから」**

心を落ち着かせたあなたは期待度を高めながら浴室へと向かう。浴室の前に立つと入り口の扉を開けていないのに、すでに芳しい硫黄の匂いがあなたの鼻腔を刺激する。これは間違いなく循環も塩素も投入していない掛け流しならではの証だ。そして扉を開けたあなたは、脱衣所の向こうのガラス越しに見える白濁した濃厚そうな湯で満たされた大きな湯船を目にする。そこで期待はほぼ確信に変わった。そんな場合、湯五郎ならば迷わず心の中でこうつぶやくはずだ。**「オイオイオイオイ、ここ、ひょっとしてひょっとする湯なんじゃないの？」**

浴室へ入ったあなたはいそいそと服を脱いで、年季の入ったケロリン桶を片手に湯船に近づく。湯船の中でゆらゆらと波打っている美しい白い湯をたっぷりとすくって、それを勢いよくザバッと体にかける。なんという湯だろう。かけ湯しただけで名湯だと確信できる。そんな場合、湯五郎ならばすかさず心の中でこうつぶやくはずだ。**「うおォン！　俺の肌は、今、感動に咽び泣いている」**

さっそく湯に浸かるあなた。ちょっと熱めのその白い湯は、最初は肌にビシッときてだんだんと肌にジワってくる力強い湯だった。直感は当たった。間違いなく極上湯だった。そんな場合、湯五郎ならば目を輝かせながらこうつぶやくはずだ。**「う〜ん、素晴らしくパンチがある湯だ。でも、このパンチなら、俺、ずっと受けていたい……」**

パンチのある極上湯。しかしそういうタイプの湯は長湯は禁物。湯あたりする湯だ。あなたはいったんあがって、露天風呂がある屋外のベンチに座ってクールダウンをする。体をなでていく風がたまらなく心地いい。そんな場合、湯五郎ならばうっとりしながらこうつぶやくはずだ。**「ああ、幸せすぎて怖いぐらいだ。俺、今、この温泉を全力で楽しんでいる……」**

入浴とクールダウンを繰り返しながら、あなたはドッと押し寄せる感動に押しつぶされそうになりながら、温泉を全力で楽しんだ。

その温泉を後にしながらあなたは名残惜しげに振り返って、その味わい深く古びた旅館の姿を目に焼き付ける。湯五郎ならば満足げにこうつぶやくだろう。**「完璧だった。まさによろこびと驚きの黄金比。なんだか、俺の肌に新しい歴史が刻まれたようだ……」**

どうだろうか。直感の真剣勝負をしているからこそ、心のつぶやきがあふれ出てくる。ひなびた温泉もまたそんな湯五郎スタイルで楽しみまくろう。ひなびた温泉は観光パンフやガイドブックにほとんど載っていないから直感に頼るしかない。でも、それは逆にいうならば、余計な情報に引っ張られることなく、そこにあなたが楽しめる余白がいっぱいあるということなのである。ちまたの旅行情報に頼ってばかりいると、直感に頼る機会がない。だからパンフレットに「大地から湧き出た千年の恵みの美肌の湯」なんて書いてあったら、それを真に受けちゃって「さすがは美肌の湯。お肌スベスベになっちゃったわぁ」なんて言葉しか出てこない。実はそれが美肌どころか、肌を傷める塩素入りの湯だとも知らずに……。

直感だからこそ失敗もある。でも、失敗もまた直感を育ててくれる先生なのだ。失敗なき成長なんていうものはない。失敗だろうがアタリだろうが、それが直感を働かせたものならば間違いなく経験値がどんどん育っていくし、心のつぶやきもいっぱい出てくるはず。そうなったらしめたモノで、ひなびた温泉巡りがどんどん楽しくなっていく。まさに至福のスパイラルがはじまるというわけだ。まずいろんなひなびた温泉に浸かってみて、直感を育てるコトからはじめよう。大丈夫、必ず育ってくるから。そうすると不思議なもので、なんとなく宿や施設の外観（ツラがまえ）をみただけで直感がむずむずと働いて**「お、ここ、もしかして、もしかするんじゃないの？」**と、あなたもスルッと自然に心をつぶやかせることになるから。

さぁあなたもわたしもボクもキミも今日から湯五郎スタイルで楽しもうではないか！

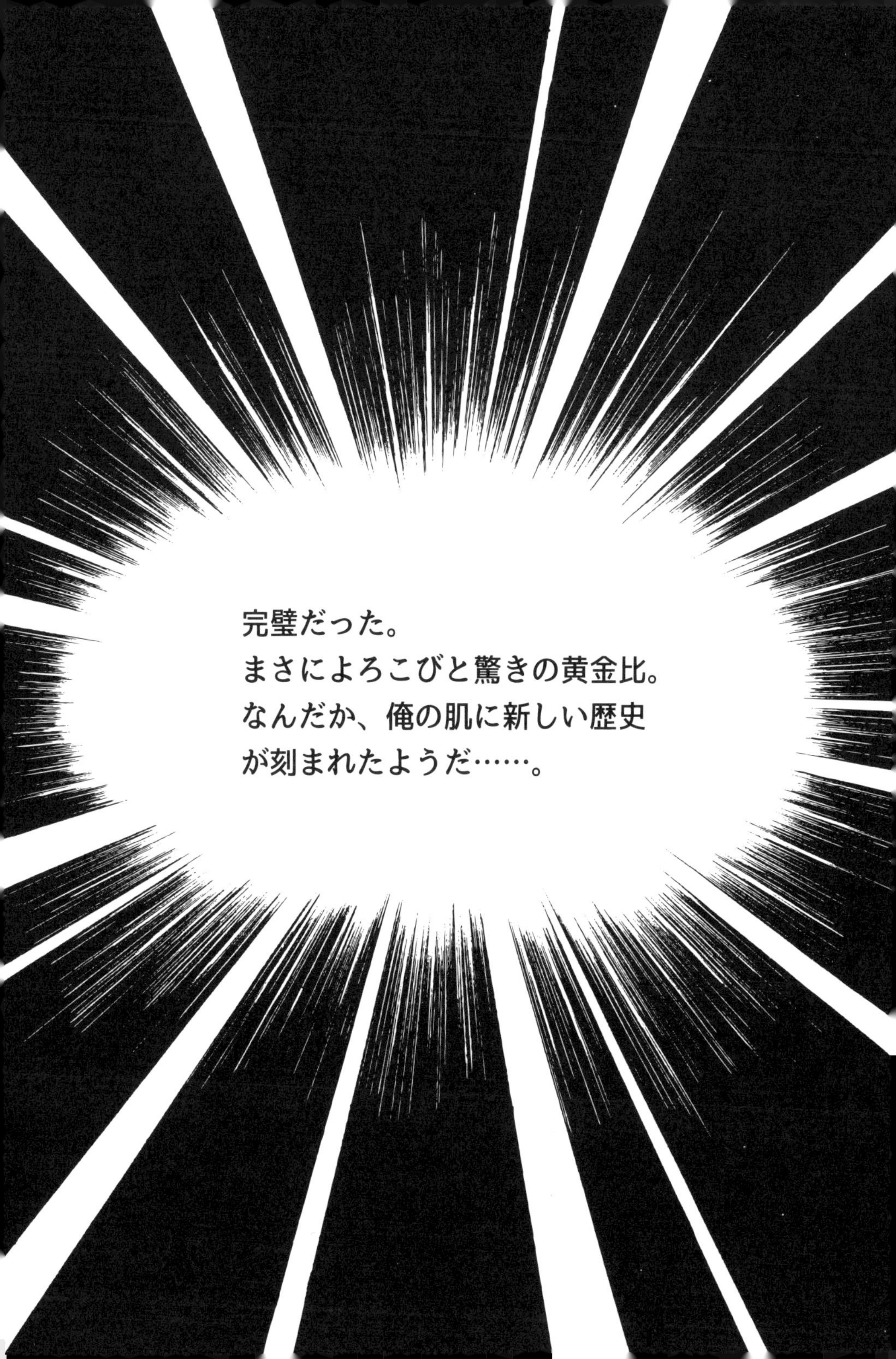
完璧だった。
まさによろこびと驚きの黄金比。
なんだか、俺の肌に新しい歴史
が刻まれたようだ……。

あとがき

ふりかえってみれば、ひなびた温泉がこれほどまでに底なしの沼だとは思わなかった。本文でもふれているように、ボクもかつてはフツーの温泉好きだったのだけれども、ひなびた温泉に出会い、その、なんとも名状しがたい魅力に気がついたら、もうそこからは、まるでターボエンジンに切り替わったかのように猛スピードで沼へとハマっていったのだ。で、フシギなことに、そんなふうにひなびた温泉への熱量が上がれば上がるほど、あたかも物理学でいうところのエネルギー保存の法則みたいに、ひなびてない温泉への熱量が下がっていく（もちろん、ひなびてない、いい温泉だっていっぱいありますよ）。いったい、これはどうしたことだろうか、と。

今、本書を書きあげて、あらためて思う。今もなおそこに残っているのは、やっぱり理屈抜きにスゴいということ。そもそも、これ、温泉にいちばん大切なことだけど、昔ながらの自噴泉であることが多いひなびた温泉は湯がいい。湯がいいからこそ、ボロくても、古くても、おっちゃんが無愛想でも、みんなに愛されて今に残っている。そして人の手ではつくれない、長い時間が染み込んだ経年美が味わい深いオーラをまとっている。この掛け合わせがヤバいんだなぁ。ヤバい。実にヤバい。だって、湯は体にどんどんジワってくる素晴らしい湯。そんな湯に浸かりながら目に飛び込んでくるのはレトロで味わい深い建物だったり、温泉の成分がどうだといわんばかりに堆積した床だったり湯口だったり。そして昔ながらの元気な自噴泉ならではの掛け流しの音がジョボジョボと浴室内に響いているんだからねぇ。ヤバいでしょ。ヤられちゃいますよ。

でも、やっぱそれだけじゃあないんだなぁ（それだけでもブラボーなんだけど）。

そーいうものはですねぇ、人々の思いを受け止め続けることによって神社やお地蔵さんとかがホンモノになっていくように、やっぱり理屈では語れない、いわば理屈を超越した〝魔力〟を持つんですねぇ。ボクはけっこうな数のひなびた温泉に浸かってきたけれども、浸かれば浸かるほどにそーとしか思えないわけ。

骨まで、骨まで、骨まで愛してほしいのよ〜♪　な〜んて歌が昭和の昔にありましたけど、まさに、そんなひなびた温泉を骨まで愛してほしいという思いで本書を書きました。いきなり地質学的な話からはじまって面食らった方もいるかもしれないけれども、温泉というものが地球のダイナミックな活動のキセキテキな賜物であるっていうことがわかると（なんせ、ひと口に温泉っていっても5〜10年モノから1200万年モノまであるのだからスケールがでかいわけで）、温泉に対する想いもグンと深まるのだから。骨まで愛せることうけあいです。

観光地とはほぼ無縁のひなびた温泉が好きになれば、日本全国が旅の対象になる。これ、ホント、人生豊かになりますよ。だってひなびた温泉は全国にあるから、ひなびた温泉旅を続けていると、いつの間にか日本中に思い出の地ができる。それでもって温泉って一度浸かったら終わりっていうモノではない。ああ、またあの湯に浸かりに行こうかな、と。そーなるわけで、つまり無尽蔵な人生の楽しみを手に入れるようなモノなのだから。ぜひぜひみなさん、そんな楽しみを手に入れて、いい湯に浸かりまくって、カラダもココロもふにゃふにゃになっちゃってくださいな。

岩本薫

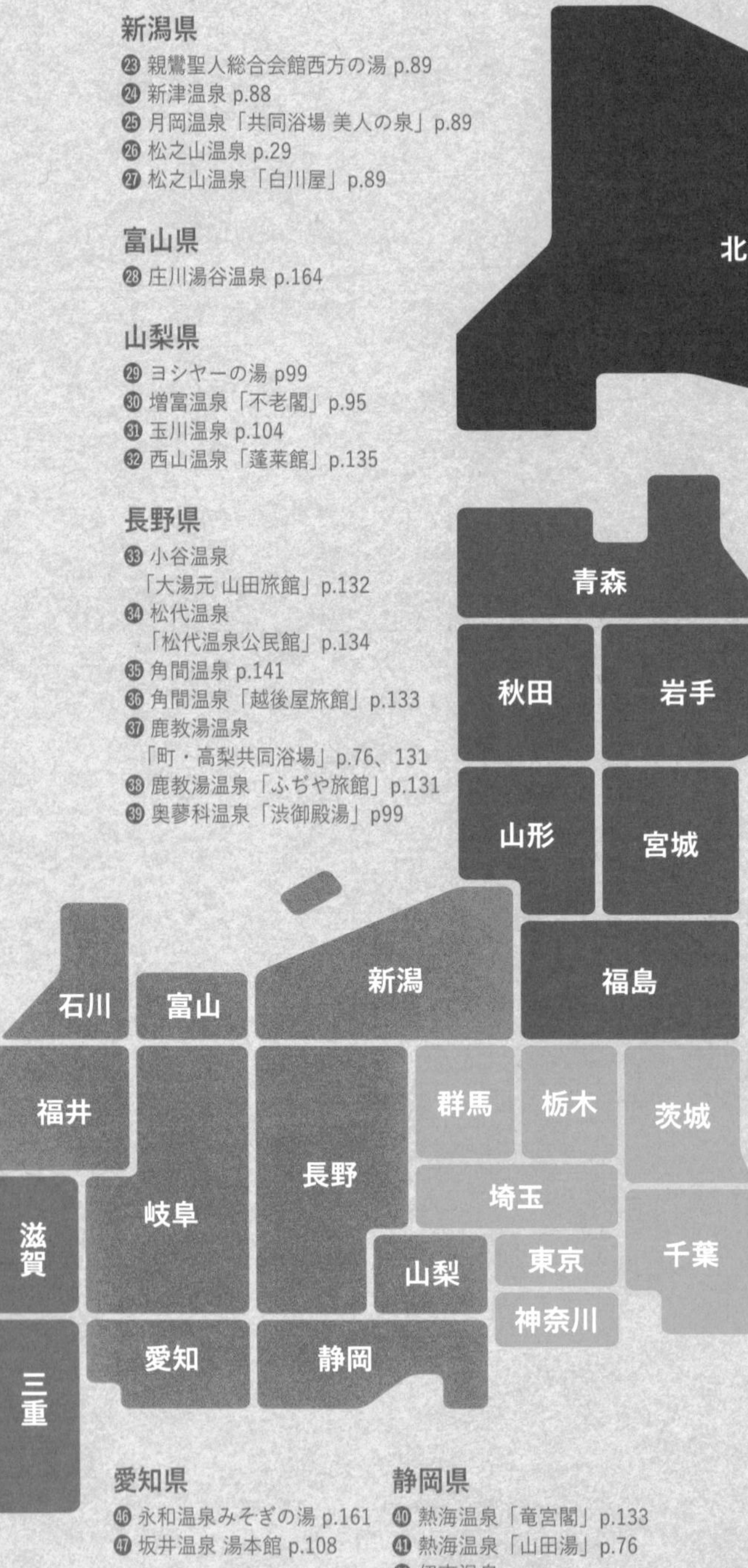

北海道

❶ てしお温泉 夕映 p.87
❷ 濁川温泉「新栄館」p128

青森県

❸ 下風呂温泉 p.141
❹ 下風呂温泉
「まるほん旅館」p.66
❺ 温湯温泉 p.141

岩手県

❻ 鉛温泉
「藤三旅館／白猿の湯」p.66
❼ 巣郷温泉「でめ金食堂」p.132

秋田県

❽ 八九郎温泉 p.162

山形県

❾ 瀬見温泉「喜至楼」p.133

茨城県

❿ 湯の網温泉「鹿の湯松屋」p.135

栃木県

⓫ 那須湯本温泉「雲海閣」p.67
⓬ 那須湯本温泉
「老松温泉喜楽旅館」※廃業 p.165
⓭ 塩原温泉「明賀屋本館／
川岸露天風呂」p.67
⓮ 鬼怒川温泉
「仁王尊プラザ」p.151

群馬県

⓯ 湯宿温泉「松の湯」p.75
⓰ 万座温泉「湯の花旅館」p.95
⓱ 赤城温泉「御宿総本家」p.134
⓲ 霧積温泉「金湯館」p.148

神奈川県

⓳ 有馬療養温泉旅館 p.94
⓴ 箱根宮ノ下温泉「月廼屋旅館」p.133
㉑ 箱根湯本温泉
「大和館（大和旅館）」p.132
㉒ 箱根湯本温泉「萬寿福旅館」p.133

新潟県

㉓ 親鸞聖人総合会館西方の湯 p.89
㉔ 新津温泉 p.88
㉕ 月岡温泉「共同浴場 美人の泉」p.89
㉖ 松之山温泉 p.29
㉗ 松之山温泉「白川屋」p.89

富山県

㉘ 庄川湯谷温泉 p.164

山梨県

㉙ ヨシヤーの湯 p99
㉚ 増富温泉「不老閣」p.95
㉛ 玉川温泉 p.104
㉜ 西山温泉「蓬莱館」p.135

長野県

㉝ 小谷温泉
「大湯元 山田旅館」p.132
㉞ 松代温泉
「松代温泉公民館」p.134
㉟ 角間温泉 p.141
㊱ 角間温泉「越後屋旅館」p.133
㊲ 鹿教湯温泉
「町・高梨共同浴場」p.76、131
㊳ 鹿教湯温泉「ふぢや旅館」p.131
㊴ 奥蓼科温泉「渋御殿湯」p99

静岡県

㊵ 熱海温泉「竜宮閣」p.133
㊶ 熱海温泉「山田湯」p.76
㊷ 伊東温泉
「子持湯（湯川第一浴場）」p.77
㊸ 湯ケ野温泉「福田屋／榧風呂」p.67
㊹ 祢宜ノ畑温泉「やまびこ荘」p.99
㊺ 平山温泉「龍泉荘」p.51

愛知県

㊻ 永和温泉みそぎの湯 p.161
㊼ 坂井温泉 湯本館 p.108

本書に登場した温泉一覧♨

長崎県

57 小浜温泉「脇浜温泉浴場」p.135

熊本県

58 植木温泉「公衆浴場松の湯」p.77、131
59 吉尾温泉公衆浴場 p.65
60 湯の鶴温泉 p.141

大分県

61 赤松温泉 p.153
62 鉄輪温泉「谷の湯」p.127
63 市の原共同温泉 p.77
64 大鶴温泉「夢想乃湯」p.160

鹿児島県

65 川内高城温泉 p.136〜139
66 紫尾温泉「旅籠しび荘」p.131
67 市比野温泉「元湯 丸山温泉」p.77
68 吉松温泉郷「前田温泉」p.117
69 テイエム牧場温泉 p.134
70 指宿温泉「村之湯温泉」p.129

鳥取県

53 東郷温泉「寿湯」p.163

島根県

54 三瓶温泉「亀の湯」p.99
55 湯抱温泉「中村旅館」p.134
56 温泉津温泉「薬師湯」p.134

大阪府

48 山空海温泉 p.152

和歌山県

49 湯の峰温泉「つぼ湯」p.10
50 湯の峰温泉「伊せや」p.135
51 夏山温泉「もみじや」p.93、132
52 花山温泉「薬師の湯」p.134

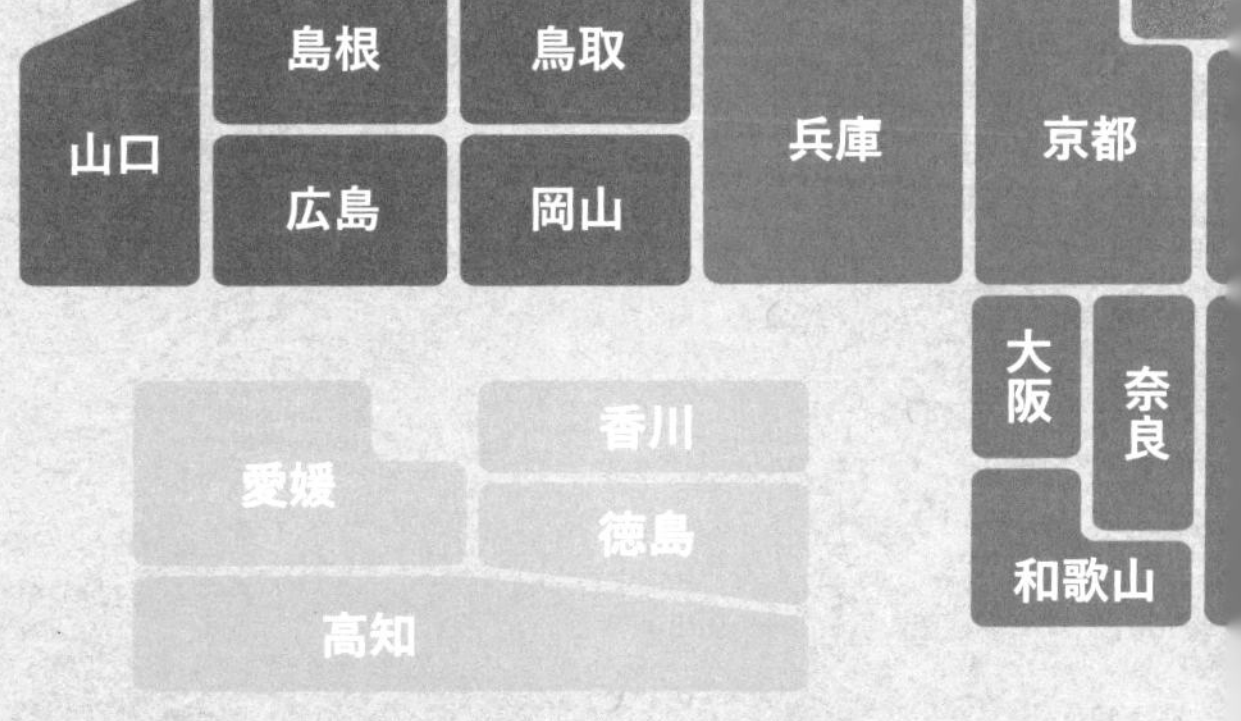

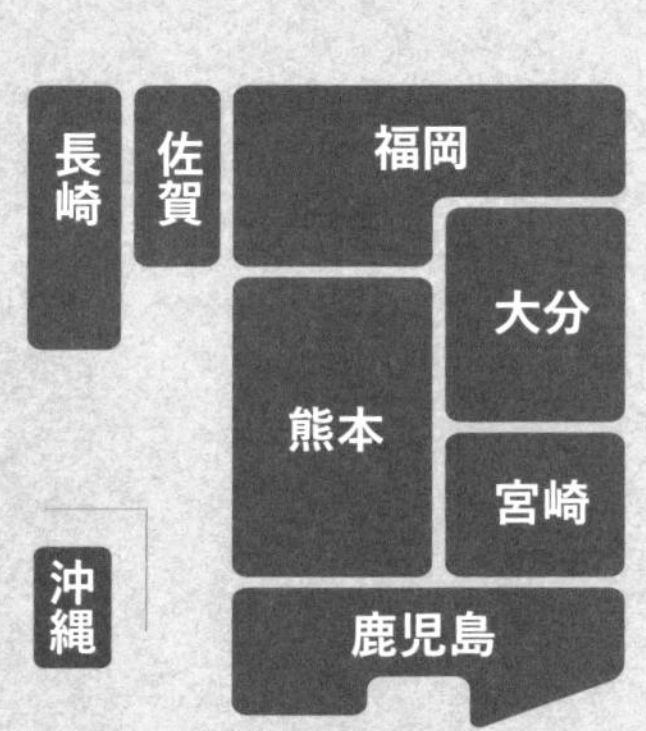

みんなの温泉マニア用語集

【湯友】

温泉仲間のこと。ママ友とかパチ友とか飲み友とか、いろんな「～友」があるけれども、温泉にもあるというわけだ。それが湯友だ。温泉を趣味にするならば、持つべきものは湯友である。

【独泉】

温泉を独り占めして浸かること。「いやぁ、お風呂さぁ、すごく空いていて、ずっとドクセンだったんだよ。ラッキー！」なんていわれたら、普通の人ならば「ドクセン」を頭の中で当たり前に「独占」と自動変換することだろう。間違っていない、ていうか正しい。けれども温泉マニアは違う。頭の中で「独泉」と自動変換して、「おお、それはラッキーだねぇ」と返すことだろう。やっぱりいい湯を独り占めして、誰にも邪魔されずゆっくり心ゆくまで湯を堪能することは温泉マニアにとってこのうえない贅沢なのである。「今日はさぁ、独泉の神が降りてきたよ」なんていうふうに「独泉」はときとして神のご加護としていわれることさえもある。

【末湯】

まだ浸かったことがない温泉のこと。「あ～、そこそこ、まだ末湯ですわぁ～。マークしてはいるんだけどねぇ」。その温泉に浸かったことがあるか、ないか。それはときとして温泉マニアのマウンティング合戦に発展することもある。

【ワニども】

混浴温泉で女性入浴客が入ってくるのを湯に浸かりながら我慢強く待つ変態野郎のこと。もちろん女性客の裸体をジロジロと見るためだ。奴らは水面に顔を出して獲物を狙うワニに似ていることから「ワニ」といわれるようになった。「あそこの混浴にはワニが出るから気をつけてね」といわれたら、ソイツらのことである。本物のワニではない。念のため。

【夏湯】

冷たい温泉やゆるい温泉など、夏に浸かるとサイコーな温泉のこと。温泉マニアにとって温泉シーズンは決して寒いときだけではない。汗がダラダラのアホみたいに暑い日も温泉日和なのである。

【ボロビューティ】

シビれるボロさのこと。ボロさや古さを「味」や「美しさ」としてとらえるひなびた温泉好きの美意識にのっとった形容詞。ホメ言葉。「おお、こりゃあ、ボロビューティだ。いい味出してるなぁ」。そんな感じに使われる。

【ジモ泉】

観光向けの共同浴場ではなく地元民のための共同浴場のこと。ジモ泉にはふたつあってひとつは観光向けではないものの一般の入浴客も入れるジモ泉。もうひとつは一般入浴客お断りの完全なジモ泉。いずれにしてもジモ泉は昔からあった古い共同浴場が今もそのままそこにある場合が多いので、ひなびた味わい（激渋も少なくはない！）や昔ながらの自噴泉を源泉とした湯量が豊富な源泉掛け流しである確率、極めて高い。

【演歌物泉】

演歌がBGMの温泉のこと。塩化物泉ではない。ちなみに演歌がBGMの塩化物泉だった場合、それを演歌物塩化物泉と呼ぶのかは不明。それはそうと、なぜ演歌なのか？　たぶんオーナーの趣味。でも、湯に浸かりながら聴く演歌はなかなかで悪くない。昭和ド演歌を大音量で流す大分県の赤松温泉はキングオブ演歌物泉だ！

【野湯】

自然の中で勝手に自噴している温泉のこと。温泉マニアの中でもさらにマニアックでチャレンジャーでアドベンチャーなジャンルの温泉。あるいは叶姉妹と最も縁遠い温泉。

【ガソリンチャージ】

源泉に石油が混じった油臭い温泉に入浴すること。特に新潟県はプレートの力で圧縮された蛇腹のような地形が多く、石油だまりができやすいことから油臭い温泉が多い。中でも新津温泉は強烈な油臭のトロリン湯で、ガソリンチャージの聖地とされている。初心者は近づかないほうがいい（冗談です。ぜひぜひ行ってみてください）。

【硫黄チャージ】

濃厚な硫黄臭がする温泉に入浴すること。いかにも温泉らしい硫黄臭は、ときとして温泉マニアたちに禁断症状を起こさせる。とにかく濃厚な硫黄の香りの中に身を沈めたいと、硫黄チャージしにいくというわけ。そんなことから温泉マニアは、冬は硫黄の匂いが染み付いて取れなくなったフリースなんかを着ている確率が高い。

【無限ループ】

冷たい水風呂と温かいお風呂の交互浴がやめられなくなった状態のこと。源泉の湯温が水のように低い温泉の場合、冷たい源泉と加温した源泉の交互浴ができるというパターンが一般的。湯温が温かい源泉の掛け流しと地下水や水道水の水風呂というパターンも。まぁ、なんでもいいので、とにかく一度交互浴をやってみなはれ。ハマること間違いなし。

【アワアワ】

泡付きのいい湯のこと。浸かると、みるみるうちに全身がびっしりと細かい泡に包まれる。これは炭酸泉の湯であるか、あるいは鮮度の高い源泉の場合に起こる現象。アワアワ、イコール極上湯と覚えておけば間違いない。そんな湯に巡り会えたなら「うお～、アワアワの湯でヒデキ感激！」と叫ぼう。

【シュワシュワ】

炭酸泉の浴感のこと。極上の炭酸泉はサイダーに浸かっているかのごとくシュワシュワだったりして気持ちいいことこのうえない。そんな湯に巡り会えたなら、もちろん「うお～、シュワシュワの湯でヒデキ感激！」と叫ぼう。

【とろとろニュルニュル】

pH9超えのアルカリ度の高い温泉の浴感のこと。アルカリ度の高い温泉は石鹸の界面活性剤と同じように皮脂を溶かし角質層を軟化させる。これがとろとろニュルニュルした浴感として感じられる。とろとろニュルニュルの湯はとにかく気持ちいい浴感だ。たまらない。そんな湯に巡り会えたなら、もちろん（以下省略）。

【アル単】

pH8・5以上のアルカリ度の高い単純温泉のこと。単純温泉といってもピンからキリまであって、極上のアル単もある。単純温泉をナメたらあかん。照れずにさらりと「ここのアル単はすばらしいねぇ」なんていえるようになったら、あなたもいっちょまえの温泉マニアだ。

【チ、塩素かよ】

塩素消毒入りの温泉を嘆く言葉。塩素消毒こそが温泉マニアの最大の敵。しかも塩素消毒しているのに「源泉掛け流し」とうたっている温泉施設のなんと多いことか！　そんな温泉に出会ったときに「チ、塩素かよ」とバッサリと切り捨てるのである。

【循環だけどね】

源泉掛け流しではなく循環利用している温泉に入り、失敗したと思いつつも、でも意外といい湯だったときなんかに、その湯をホメながらも、最後にひと言「循環だけどね」と付け加える言葉。必ず付け加えずにはいられない。そこに温泉マニアの矜持（きょうじ）（あるいはめんどくささが）がある。

【湯活してる？】

就活、婚活、ポイ活、活にもいろいろあるけれど、忘れちゃならないのが湯活なのさ。そう、いい温泉求めて東へ西へ。今日は山間の温泉街で湯活。明日はいずこで湯活していることやら。それはオイラにもわからんことよ。湯活風来坊とはオイラのことさぁ～♪

【つげ義春っぽい】

ひなびた温泉の中でもとくに暗く落ちぶれた温泉のこと。そのオーラはハンパない。ひなびた温泉マニアの間ではつげ義春はレジェンドとして崇められている。


【お〜ごちそう湯だ】

温泉マニアが自分の好みの温泉に出会ったときに発する言葉。こういう言葉をいえるようになるためには数え切れないほどの入湯経験がなければならない。素人が軽々しくこの言葉を使うと、ヤケドするぜ。


【オープンアタック】

人が少ない開店間際を狙って温泉へ行くこと。うまくいけば独泉できる。あるいは自分の入浴姿を自撮りすることを楽しみ温泉マニアも少なくはない。そんなときオープンアタックをすれば、まわりの人に迷惑かけずに自撮りができる。同じように人が少ない閉店間際に行くクローズアタック、昼時に行くランチアタックもある。


【大田区温泉郷】

大田区は都内でいちばん銭湯が多く、その多くが黒湯の温泉だったりして温泉マニアは大田区温泉郷と呼んでいる。大田区で湯巡りしている温泉マニアも多い。同じように大田区から横浜市までの京浜工業地帯周辺に黒湯の温泉銭湯が多くそれを「京浜ブラック」と呼ぶマニアの少数ながら存在する。


【阪神温泉銭湯ベルト地帯】

大阪は温泉に馴染みのないイメージであるが、ところがどっこい、大阪と神戸の間には、ええ温泉がぎょうさんあるんや。ええ湯やでぇ。浸からへんかったら損やでぇ〜。


【純温泉】

源泉をそのまま利用している温泉のこと。残念なことに世の中には「源泉掛け流し」とうたっているのに、実は加水していたり、塩素消毒していたり、循環を併用していたりと、そういう悲しい温泉が少なくはない。そんなん「源泉掛け流し」やあれへん。まぎらわしいやんけ！ と立ち上がったのが純温泉協会（2019年設立）。ちゃんと源泉をそのまま利用している温泉を、明確な定義に基づいて「純温泉」として認定している。温泉マニアの間では「純温泉」が信頼できるホンモノの温泉と認識されるようになった。

研究員求む！

ひなびた温泉研究所

あなたも研究員になって日本のひなびた温泉を、一緒に盛り上げませんか？

資格：ひなびた温泉を愛する老若男女

選考：ひなびた温泉検定試験有り

特典：オリジナルグッズ、認定証他

日本のひなびた温泉を
温泉好きのみんなで盛り上げて、
元気にしよう！

ひなびた温泉研究所は、温泉本作家の岩本薫が主宰する、日本のひなびた温泉をみんなで盛り上げていくコミュニティ。愛すべきひなびた温泉。でも、その多くが廃業の危機にさらされているのもまた事実です。ひなびた温泉研究所は、プロジェクトやイベント、湯巡りなどを通じて、みなさんと一緒にサポーターのようにひなびた温泉を盛り上げていきたいと思っています。なくしてはいけない昔ながらのひなびた温泉。あなたも一緒に日本のひなびた温泉を元気にしていきませんか？

研究員になると、どんなことがあるの？

ひなびた温泉研究所の研究員になると、いいこと、楽しいことがいっぱい！　ひな研オリジナル温泉グッズや、研究員の証である認定証や名刺がもらえたり、また、ユニークな協業プロジェクトや楽しい交流イベント、オフ会や湯巡りなどに参加できます。また、メンバー同士、自然とつながっていくので、各自で誘い合って自由に湯巡りを楽しんだりしております。みなさんが、もっとひなびた温泉を楽しめるような企画もいろいろと実施していきたいと思っています。

ひな研オリジナルの赤い温泉タオルやトートバッグ、缶バッジなどのグッズ。そして研究員の証である認定証や名刺がもらえます！

みんなでユニークな温泉ガイド本をつくるプロジェクトも！

ひな研では、ユニークな温泉本もつくっています。日本のひなびた温泉を日本百名山みたいに百湯選定してランキング化した「日本百ひな泉」。そして温泉は暑い夏だって楽しめるというメッセージを込めた「真夏の温泉」。いずれもこれまでになかった切り口のひな研ならではの温泉本。ランキング投票から執筆、取材まで、参加できます。もちろん執筆者として書籍にあなたのお名前も掲載されます。自分たちで作った本が全国の本屋さんに並ぶのはうれしいものですよ。

ひな研へのご参加はネット検定試験を受けるだけ！

ひなびた温泉研究所／研究員募集サイト

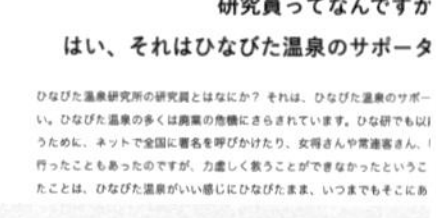

https://hinaken-kentei.info

ひなびた温泉研究所の研究員になるにはネット検定試験を受けていただきます。

ただし、この検定試験は参加者をふるいにかけるためのものではなく、検定試験をクイズみたいに楽しんで、温泉に興味を持って研究員になっていただきたいということを目的としているので、制限時間内であれば、答えをネットで調べながら答えても OK です。

みなさまのご参加をお待ちしております。日本のひなびた温泉を元気にするのは、あなたです！

あなたのご参加、待ってま〜す！

ひなびた温泉
ゴールドトラベラー
資格認定

オンライン講座を受けて、あなたも「ひなびた温泉ゴールドトラベラー」になりませんか？

資格認定ゴールドカードには、温泉ソムリエや銭湯サポーターなど、温泉関係保有資格として、あなたがお持ちの他の資格名も表記できますよ！

※実物大

「ひなびた温泉ゴールドトラベラー」の証として、あなただけの、シリアルナンバー入りの、資格認定ゴールドカードがもらえます！

「ひなびた温泉ゴールドトラベラー」は、ユニークな資格を多数発行している社団法人日本カルチャー協会とひなびた温泉研究所とのコラボレーション資格として生まれた資格制度です。

観光地とは無縁なひなびた温泉の旅は、観光旅行とは大きく違う。でも、だからこそ楽しみかたも自由で奥深い。「ひなびた温泉ゴールドトラベラー」はそんな奥深いひなびた温泉の旅の魅力、楽しみかたをオンライン講座で学べます。そして講座を修了された方を「ひなびた温泉ゴールドトラベラー」として資格認定し、その証であるひなびた温泉ゴールドトラベラー資格認定ゴールドカードと、その他特典グッズを進呈いたします。資格認定ゴールドカードには、温泉ソムリエや銭湯サポーターなど、あなたがお持ちの他の資格や肩書きも表記できますので、あなたの温泉愛をインパクトたっぷりにアピールするカードになります。

詳しくは「ひなびた温泉ゴールドトラベラー」でネット検索、もしくは下記 URL にアクセスしてください。

https://goldtraveler.info

岩本薫（いわもと・かおる）
作家、ひなびた温泉研究所ショチョー

1963年東京生まれ。本業のコピーライターのかたわら、Webマガジン「ひなびた温泉研究所」を運営しながら、日本全国のひなびた温泉を巡って取材し、執筆活動をしている。普通の温泉に飽きたらなくなってしまい、マニアックな温泉ばかりを巡っているので、珍湯、奇湯、迷湯など、ユニークな温泉ネタに事欠かない。
NHK「ごごナマ」、テレビ東京「よじごじDays」をはじめ、テレビ、ラジオ、雑誌などのメディアに多数登場。『ヘンな名湯』『日本百ひな泉』『真夏の温泉』『つげ義春が夢見た、ひなびた温泉の甘美な世界』など、著書多数。

Webマガジン「ひなびた温泉研究所」　https://hina-ken.com/

もう、
ひなびた温泉（おんせん）しか愛（あい）せない

2024年2月22日　初版第1刷

著者　岩本薫
発行人　松崎義行
発行　みらいパブリッシング
〒166-0003 東京都杉並区高円寺南4-26-12 福丸ビル6階
TEL 03-5913-8611　FAX 03-5913-8011
https://miraipub.jp　MAIL info@miraipub.jp
カバーイラスト　田所ミニ
編集　松下郁美
ブックデザイン　洪十六
発売　星雲社（共同出版社・流通責任出版社）
〒112-0005 東京都文京区水道1-3-30
TEL 03-3868-3275　FAX 03-3868-6588
印刷・製本　株式会社上野印刷所
©Kaoru Iwamoto 2024 Printed in Japan
ISBN978-4-434-33218-0 C0026

本書の情報は発行日時点のものです。予告なく変更される場合や、廃業や営業が休止されることもありますので、ご利用時には最新情報を確認されることを強くおすすめいたします。また、著者のウェブサイトもぜひ併せてご覧ください。